Javier Otaduy

Edición Elvia Navarro Jurado
Diseño Olivia Rojo / Hugo Mendoza Ilustraciones
Olivia
Corrección de estilo
Primera edición: julio 2016
ISBN 978-607-96017-6-8
D.R. © 2016 Javier Otaduy

BRAND SKETCHING

Bocetos de marca a través de *workshops* estratégicos
Javier Otaduy

1. LA ERA DE BOCETAR MARCAS

Nos encontramos en una época en que todos tenemos una postura respecto al marketing, las marcas y las empresas. Hay quienes aman a una marca y la siguen diariamente en una red social, quienes critican a una marca por publicidad engañosa o porque no están de acuerdo con sus procesos de fabricación, quienes odian una marca y despotrican en Twitter, quienes son fanáticos de marcas alternativas o independientes, quienes dicen que no hacen caso al marketing para comprar porque es falso, o quienes directamente se declaran anti-marketing. Todos tenemos algo que decir.

En un mundo conectado en el que nuestra voz tiene un espacio para ser escuchada, podemos reconocer un poliedro de opiniones distintas acerca del papel del *marketing* en nuestra sociedad y del comportamiento particular de marcas, artistas, políticos, organizaciones, equipos deportivos, ONGs y más. Debido a las controversias que han desatado diversas marcas, las voces de decenas de miles de consumidores se asoman para dar su punto de vista —a veces serio, a veces humorístico o sarcástico, otras desde la indignación— sobre McDonald's, Coca-Cola, Liverpool, Televisa, Que Bó, Uber, Starbucks, vw o Los Bisquets de Obregón.

El efecto en el tiempo de esto aún está por verse. Nos encontramos en una fase de experimentación en la que no hay recetas sobre cuáles son las mejores estrategias y tácticas del *marketing* en la era digital. Mucho se ha escrito sobre qué es lo óptimo o lo más efectivo, pero también sabemos que muchos consejos que dan los autores —incluso los gurús del *marketing* y los negocios— dejan de ser aplicables en pocos años debido a los vertiginosos cambios de la tecnología, el consumidor y un nuevo mundo multipolar, con tendencias y contratendencias de lectura, interpretación y aplicación complejas.

El hecho es que la mercadotecnia está evolucionando y sus conceptos siguen siendo vigentes para que los negocios sean rentables, las marcas se vinculen con los consumidores y llenen sus necesidades.

Hoy vemos un salto fundamental en la industria y los negocios: antes el liderazgo y la forma de hacer *marketing* eran verticales, las marcas hablaban a los consumidores y éstos escuchaban, y un jefe establecía sus estrategias de forma unilateral; ahora el liderazgo es horizontal y colaborativo, muchas de las decisiones se toman de forma consensuada, e incluso proveedores y consumidores son ahora parte del proceso de *branding*, comunicación y construcción de marcas.

Este cambio ha promovido el desarrollo de herramientas que nos ayudan a adaptarnos a un mundo más flexible y cambiante en el que las marcas son de todos nosotros. Somos muchos los que podemos contribuir a que las marcas crezcan y que los consumidores estén cada vez más satisfechos y felices. Sobre estas herramientas hablaremos en este libro.

En lo que respecta a la mercadotecnia, es una disciplina que implica convertir actividades complejas en algo simple y digerible para el consumidor, de lo abstracto a lo concreto y volver a la abstracción. Es una actividad que nos fuerza a pasar del pensamiento estratégico —en el que las ideas, análisis, pensamientos y propuestas están debidamente sustentadas— a la implementación y aplicación. El rigor de la disciplina y la actividad son indispensables, y el éxito viene de los dos lados.

La mercadotecnia es un proceso de idas y vueltas, buscar consenso, pensar en temas profundos que luego se transformen en algo simple, inspirador y aplicable. Las grandes marcas no son las que pasan directamente a las iniciativas sin antes haber sido calculadoras y analíticas: usan su instinto, pero también el juicio y análisis, se aventuran con riesgos calculados. Las grandes marcas, en primera instancia, hacen diagnósticos y análisis inteligentes de mercados, consumidores, competencia, tendencias y situaciones internas; después pasan a una acción orquestada para fijar objetivos y estrategias, y llegan a lo que veremos en este libro: desarrollan bocetos, conceptos, maquetas y demos de aspectos de la marca que luego se transforman en algo tangible como un nuevo empaque, una nueva campaña publicitaria, un nuevo canal de distribución, una promoción, un nuevo servicio, una activación, un logotipo, una estrategia o una emocionante experiencia de marca.

Con el tiempo hemos visto una gran cantidad de estrategias muy bien pensadas, pero pobremente aplicadas, o implementaciones impecables sin un pensamiento estratégico detrás.

Esto hace que los resultados no sean los esperados, sin importar cómo se midan: retorno de inversión, ventas, valor capital de marca, *engagement*, entre otros.

Con la era digital, la revolución de los medios y las nuevas tendencias del consumidor, una gran cantidad de marcas le dan mayor impulso a la ejecución, la implementación, la interacción instantánea del consumidor, tomar acciones rápidas y en tiempo real. Sin embargo, en muchas ocasiones hay más ocurrencias que estrategias, desesperación por responder algo al consumidor o estar en el instante preciso en lugar de pensar cuál es el mejor momento y qué es más conveniente que la marca diga en el tiempo.

Si el tiempo de orquestación, análisis, estrategia, concepción de ideas estratégicamente válidas y un liderazgo colegiado son tan importantes, no podemos dejar de revisar cómo desarrollamos conceptos, posicionamientos e ideas de marca durante el proceso de crear algo sumamente relevante a nivel estratégico, algo inacabado, un boceto, un borrador que será la base del éxito.

El posicionamiento creado para Absolut antes de su primera campaña impresa, el concepto de servicio de Uber, la base de la campaña Belleza Real de Dove o de Deporteísmo de Sport City o el personaje de Mamá Lucha de Bodega Aurrerá surgieron de un pensamiento estratégico con atención a conceptos e ideas perdurables, los cuales involucraron un proceso de decisión y desarrollo más allá de la genialidad de una sola persona.

El orden de los factores sí altera el producto

De la misma manera en que difícilmente se puede utilizar un gps si se desconoce la dirección, es complicado que una marca implemente o lance una iniciativa sin un pensamiento estratégico que la sostenga, si no analizó un mercado y un segmento de consumidores, a su competencia clave y respondió qué vende y propone la marca. En *marketing*, qué vende una marca no significa qué producto o en qué categoría compite, sino qué le promete al consumidor que hará por él, cómo facilitará la vida y la hará más cómoda, cómo le ahorrará pasos para contratar algo o hará que se sienta bien frente a los demás. Aquí el orden de los factores sí afecta el producto. No se debe ejecutar si no se analizó y pensó estratégicamente antes. Ejemplo de ello es lo que ocurrió con los siguientes lanzamientos: Banco de Uno de ixe, Coca-Cola Vainilla, Crystal Pepsi o el cambio de logotipo de gap en Estados Unidos. Su fracaso no puede explicarse por una sola causa, pero sí influyó el hecho de que su estrategia no fue sólida y pensada antes de su implementación.

Conviene saber una dirección y a quién va dirigida la marca, y sólo después de ello lanzarla o pensar en la acción. Esto implica una serie de actividades al principio de la gestión de las marcas que requieren análisis y diagnósticos, y después conceptualización, destilación, abstracción y desarrollo de grandes conceptos que involucran conglomerados de ideas. Al final de este proceso es posible pasar a la acción, a las ideas de implementación, a la creatividad, etc.

¿Cómo podríamos pensar en contenido de Twitter para una marca, una promoción, una campaña publicitaria, o un evento si aún no tenemos claro en qué mercado compite la marca, a qué segmentos va dirigida, cuál es su posicionamiento a nivel profundo y cómo conecta con el consumidor?

El proceso de esbozar conceptos de producto o innovaciones de cualquier tipo, el desarrollo de nuevos posicionamientos o reposicionamientos, o ahondar en el adn o genoma de marca como plataforma para aterrizarlo en implementaciones y acciones es lo que yo llamo *brand sketching*.

Miguel Ángel, como muchos escultores, hacía un boceto antes de empezar a trabajar. Un músico hace un demo antes de componer todo un álbum con su sonido final. Los pintores ensayan a lápiz o carboncillo antes de hacer la obra final al óleo. En las series televisivas se realiza un episodio piloto. En *marketing* hacemos *Brand Sketches*.

El *brand sketching* se trata de hacer maquetas, demos, esbozos, bocetos o lienzos de marcas que se convertirán en algo concreto que pueda ser implementado. Lo importante es que el fondo de la idea ya está plasmado en este tipo de productos del *marketing*.

Antes de diseñar un logotipo, un nombre de marca, un nuevo tipo de empaque, de hacer una campaña publicitaria para posicionar una marca o lanzar una promoción del día de las madres, necesitas tener bocetos o un buen borrador de lo que vas a hacer. Este borrador debe conjugar estrategia, análisis y dirección. Lo anterior acarrea varias ventajas:

1. Decisiones sustentadas. Las acciones de *marketing* están cimentadas en un profundo análisis del mercado, de los consumidores y segmentos; se toman en cuenta los objetivos de *marketing* y el plan de negocios, un buen análisis de competencia y la determinación de las oportunidades de negocio. Evita que las acciones sean meras ocurrencias.

2. Inversión analíticamente justificada. Antes de invertir grandes sumas de dinero en un lanzamiento o nuevo proyecto, busca aumentar la certeza de que las acciones al sustentarlas en un equipo de trabajo sólido, dirección clara, buenos *insights* del consumidor y diagnóstico.

3. Consenso. El proceso de decisión de los planes de acción de marca es consensuado, lo que crea mayor cohesión, soporte y trabajo de equipo.

4. Alternativas. Te da la oportunidad de explorar varios caminos —ya sea por posibles conceptos de producto o promoción, o por posicionamientos o ideas— antes de tomar una decisión.

Es imposible ahorrarse este paso de *brand sketching* en el proceso de *marketing*. Implica utilizar herramientas para que los equipos comprometidos en los proyectos trabajen de manera óptima, saquen lo mejor de ellos y desarrollen un punto de partida para ideas, logos, *brand books*, empaques y campañas que no provengan de la ocurrencia, sino que estén fundamentados en estrategia y un conocimiento profundo del consumidor.

Para ello, los *workshops* son una excelente herramienta con la que se capitalizan las competencias de un equipo compuesto por personas de diversas empresas, áreas y especialidades para desarrollar la plataforma de lo que luego se implementará.

Obviamente, no se puede entrar en un proceso como el mencionado si no existe claridad en cuanto al plan de negocios que ha encomendado la marca, corporación o institución. Primero está siempre el modelo de negocio que se ha desarrollado y sólo después la forma de mercadearlo.

Puesto que se ha comprobado su utilidad y la sinergia que proponen como sistema de trabajo, cada vez se hacen más *workshops* a fin de potenciar el capital humano.

En el presente libro describiremos los aspectos principales para desarrollar *workshops* como herramienta para bocetar marcas. Hablaremos de dónde surgen, sus usos, limitaciones, el papel de los facilitadores, cómo planear los workshops, cómo guiarlos y algunas técnicas para utilizarlos.

2. LA RESPUESTA ESTÁ A TU LADO

Los workshops son herramientas frecuentemente utilizadas en el desarrollo de branding —el proceso de construcción de marcas—, marketing y los conceptos publicitarios. Casi ningún practicante o profesional de la mercadotecnia, investigación de mercados o la publicidad podría decir que nunca ha asistido o participado en una lluvia de ideas o workshop.

Sin embargo, aunque varios de estos procesos pueden haber sido exitosos en cuanto a integrar al equipo que trabaja para una marca o un proyecto, rara vez se aplican en el mundo real. Los materiales e ideas que producen los grupos en este tipo de contextos se pierden o se quedan en el tintero. ¿Las razones? Principalmente las siguientes:

1. No existe un entregable efectivo que se

pueda aplicar. No se filtran ni analizan las ideas que surgieron en el *workshop*.

2. El objetivo real era distinto al planteado en el *workshop* (ej. había que reposicionar a la marca y en realidad terminaron solicitando una campaña publicitaria táctica).

3. Se desarrollaron buenas ideas o estrategias, pero no se supo cómo implementarlas y aplicarlas en algo útil. O por otro lado, la agenda del día a día de los ejecutivos monopoliza sus preocupaciones y actividades.

Más allá de lo anterior, participar en un *workshop* casi siempre supone para las personas una experiencia positiva, un espacio amigable donde se comparten ideas, se crean lazos o se regeneran los perdidos entre ejecutivos. Por lo general, es clara una actitud abierta para escuchar ideas novedosas, locas, raras y hasta indeseables.

Además, está comprobado que la cantidad de ideas exitosas surgidas de grupos ha sido infinitamente mayor que en procesos individuales, como lo han analizado De Bono o Von Oech, entre muchos otros estudiosos de las ideas y el funcionamiento de la creatividad. El proceso de inseminación cruzada (*cross-fertilization* en inglés) contribuye de manera muy importante: una idea que fue descartada puede ser el punto de partida para el desarrollo de otra. Se construye sobre las ideas de otros. Nadie niega el poder de los grupos para el desarrollo de ideas y estrategias; la cuestión ha sido que no siempre se sabe qué hacer con esos conceptos o ideas. En realidad, muchas se quedan en el tintero sin que nunca se implementen.

Como en todo *el marketing* actual, la efectividad de un *workshop* se mide en términos de cuánto se implementó lo que surgió de él.

Asimismo, lo más habitual es que se realicen *workshops* con un fin de ideación en el que se buscan grandes volúmenes de ideas; éstos se concentran en utilizar el pensamiento lateral o divergente, que es menos racional, más creativo, desordenado, sin juicios de valor y abstracto. Este tipo de *workshops* suelen ser muy útiles al utilizar paneles de consumidores, expertos o líderes de opinión y equipos internos de *marketing* de empresas e instituciones. Sin embargo, también existen workshops con otros fines —en particular cuando se utilizan equipos de trabajo de las empresas y socios— de estrategia, posicionamiento, aterrizaje de resultados de investigación y desarrollo de ideas de marca o conceptos publicitarios que trascienden el mero hecho de generar ideas nuevas.

Este segundo tipo de *workshops* se llevan a cabo con menor frecuencia que las sesiones de generación de ideas; sin embargo, para objetivos estratégicos, los *workshops* son herramientas valiosísimas.

El propósito de este libro es llenar ese vacío de publicaciones acerca del uso y funcionamiento de los *workshops* de forma efectiva en los procesos de construcción de marca, desarrollo de conceptos y posicionamientos, virajes estratégicos, generación de ideas e implementación de investigaciones y análisis de mercados. Primero revisaremos algunos conceptos básicos y diferencias entre tipos de *workshops*, para después exponer el papel y las habilidades que debe de tener un facilitador —para nuestros propósitos lo llamaremos *workshopper*—, los elementos clave a la hora de organizarlos, el día del *workshop*, los tipos de entregables y principales problemáticas que se podrían encontrar en los *workshops* y cómo resolverlas.

Es de suma importancia considerar que a veces olvidamos que tenemos un equipo de gran potencial estratégico y de generación de ideas en nuestra oficina —quizá a nuestro lado— y no nos damos cuenta de que con personas de diversos antecedentes y experiencias en la misma empresa se pueden desarrollar estrategias e ideas ganadoras perfectamente aplicables y aterrizadas. Hay quienes comienzan un *workshop* diciendo que son expertos en finanzas y no son creativos, o que son creativos pero no saben de estrategia ni administración, o que son del área de investigación y desarrollo y sólo saben de fórmulas, descartándose como personas que podrían arrojar una gran idea para un nuevo canal de distribución.

Pero no hay nada más valioso que utilizar el potencial del grupo que gestiona día a día una marca desde diferentes frentes para dar pautas de hacia dónde ir y cómo hacerlo.

Tal como Donald Treffinger y Scott Isaksen (2005) plantean en su libro *Creative Problem Solving, 4E: An Introduction*, la solución creativa de problemas (CPS por sus siglas en inglés) es «un proceso que cualquiera puede utilizar para lidiar con muchos de los problemas, oportunidades y retos que se presentan diariamente». (Treffinger e Isaksen, 2005, p.1) Su enfoque está en el terreno de los negocios, pero existen ejercicios y conceptos poco utilizados en los *workshops* que se relacionan con *marketing* y que pueden aplicarse perfectamente. Las teorías de solución de problemas y de funcionamiento de la creatividad no tienen por qué estar disociadas.

Así como la teoría y las técnicas que aportan los expertos en creatividad han sido de gran utilidad, también lo son si se comulgan con el terreno de solución de problemas —sobre todo de forma creativa— del mundo de los negocios. La solución creativa de problemas se relaciona de cerca con la utilización de bases de la creatividad, el desarrollo de ideas y el uso del pensamiento lateral aplicados a la resolución de cualquier tipo de problema en la empresa.

Continuando con la CPS, el tipo de problemas, oportunidades y retos relacionados con las marcas podrían ser:

- El posicionamiento de una marca se ha erosionado y no se sabe qué hacer para revitalizarlo.

- Se contrató una investigación de mercados sobre tendencias y nuevos segmentos y no se sabe cómo aplicarla.

- Dentro de la empresa chocan las perspectivas de ventas y de marketing respecto a qué hacer con la marca, por lo que se debe decidir qué dirección tomará.

- Existe la necesidad de adaptar una marca extranjera y seguir con su propuesta, pero México es diferente y hace falta tropicalizar la estrategia. ¿Cómo se hace?

- ¿Cómo se le habla al nuevo segmento de los *millenials* con una marca que tiene 50 años de existencia?

- El equipo está atorado con el desarrollo de la creatividad; no se sabe si no entienden lo que pretende hacer la agencia o el equipo no sabe darse a entender.

- No se tienen criterios claros de qué idea de lanzamiento seleccionar por lo que es necesario identificar la que resulta más promisoria a nivel estratégico.

Muchas veces es complicado lidiar con estas decisiones y no sabes qué hacer, o sientes que debes arriesgarte y decidir por ti mismo o por instinto, cuando la mayoría de las veces tienes una salida frente a ti. Tienes un equipo variado que está trabajando en el proyecto y te podría ayudar de formas que no sospechas.

Según los autores anteriores, el pensamiento creativo consiste en «identificar vacíos, paradojas, oportunidades, retos o preocupaciones, y después encontrar nuevas conexiones significativas para generar muchas posibilidades variadas (desde diferentes puntos de vista o perspectivas), inusuales u originales, y detalles para expandir o enriquecer posibilidades». (Treffinger e Isaksen, 2005, p.3)

Para estas definiciones, en el pensamiento creativo es de extrema relevancia buscar nuevas direcciones, posibilidades y alternativas. Es un proceso divergente.

Hay momentos en que en los *workshops* necesitamos esta capacidad creativa, así como el poder del pensamiento analítico y convergente con el fin de destilar, organizar, priorizar, seleccionar o aterrizar las ideas que surgen. El pensamiento creativo por sí mismo no nos sirve para cumplir ambas funciones.

Para esto existen otros métodos, ejercicios y técnicas que nos ayudan a seleccionar, pulir, redactar, mejorar, analizar o aplicar ideas o conceptos. Uno de los muchos marcos teóricos sobre el pensamiento convergente o vertical —utilizando los conceptos de DeBono— es el que Treffinger e Isaksen (2005) denominan «pensamiento crítico», que definen como el que ayuda a examinar posibilidades de forma cautelosa, justa y constructiva, para después enfocarse en organizar y analizar posibilidades, refinar y desarrollar posibilidades promisorias, categorizar o priorizar opciones, y escoger o decidirse por ciertas opciones. Primero se trata de generar y después de enfocarse en el problema o la tarea.

Por otro lado, este libro no pretende afirmar que los *workshops* sirven para cualquier problema o reto de *marketing*, ni que sean la mejor herramienta en todos los casos. Son una técnica que ha contribuido y puede aportar muchas formas para desarrollar ideas y estrategias ganadoras, aunque no es pertinente utilizarlos para todos los proyectos. Más tarde nombraremos algunas situaciones en las que no sugerimos realizar un *workshop*, y cuándo es mejor la decisión del responsable de una marca, llevar a cabo un proyecto de investigación previo o solicitar la ayuda de un experto en diseño, estrategia digital, etc.

Un *workshop* no es la solución a todos los problemas, ni es capaz de resolver lo que otra herramienta de *marketing* o recursos humanos no pudo cumplir habiendo sido la más apropiada

El territorio en el que *transitan los workshops*

Los *workshops* tienen que ver con la forma en que se trabajaba en las «Art factories» que se organizaban en la década de los sesenta con el auge del Arte Pop, representado por Andy Warhol o el grupo musical Velvet Underground, entre muchos otros. Relaciono los *workshops* con las Factories porque en dicha época se reunían artistas, músicos, el rock, el arte, etcétera. Esa gran riqueza de tener personas de tan distintas especialidades y experiencias hizo que se generaran obras y conceptos diferentes a lo que se había desarrollado con anterioridad. La idea de juntar gente tan diversa es una de las bases para que los *workshops* creativos y estratégicos funcionen.

Qué es el *workshopping*

Workshopping es la disciplina, acto o práctica de hacer *workshops*. El *workshop* —más conocido de esta forma que por el término en español taller— involucra a varias personas para trabajar en un proyecto que tiene un reto o desafío por resolver y un tiempo limitado; se da en cierto lugar, es facilitado por cierta persona y resulta más efectivo y enriquecedor cuando se trabaja con un equipo que de forma individual.

Como sabemos, en el mundo del *marketing* hay palabras con las que encontramos una gran dificultad para traducirlas al español, como *benchmark, equity, top of mind* o *workshop*. Lo que ocurre es que, en español, la palabra taller se asocia con actividades y manualidades en lugar de una actividad relacionada con los negocios y el *marketing*. Taller se relaciona con algo manual, desde un taller de pintura, automotriz, carpintería, costura, etc. En el terreno del *marketing*, en los países hispanoparlantes desde un inicio se les llamó *workshops* porque la idea de aplicarlos al *marketing* vino de Estados Unidos e Inglaterra principalmente. Asimismo, como ocurre con varios conceptos de *marketing*, en inglés abarcan e incorporan más conceptos que su traducción literal al español. Por ello en este libro lo manejaremos como *workshops* y no como talleres.

Un *workshop* típico incluye entre ocho y 25

personas de diferentes áreas de una empresa y posiblemente sus socios estratégicos, algunos expertos o especialistas en el tema; puede tener una duración entre dos y ocho horas (tendiendo más a 4-8 horas o días dependiendo del objetivo). Suelen hacerse en un lugar externo a las oficinas de una empresa, y tiende a ser dirigido por una o dos personas. En ocasiones incluye alguien que escribe lo que el grupo va desarrollando. En los se suelen utilizar diversas dinámicas y materiales.

El *workshop* es una actividad en grupo, en voz alta, de intercambio de ideas, posturas y opiniones, de fluir, de avanzar, de ir y regresar en las propuestas.

Aunque suele usarse principalmente para generar ideas o resolver algún problema o asunto de negocios, *marketing* o publicidad, el *workshopping* es una herramienta que se puede utilizar prácticamente para cualquier disciplina: educación, *marketing*, recursos humanos, desarrollo organizacional, creatividad, solución de problemas de negocios u empresariales, creación de nuevas tecnologías o conceptos, emprendimiento de nuevos negocios, capacitación, investigación de mercados, integración, *coaching*, desarrollo humano, terapias, comunicación, liderazgo, etc.

En el terreno de la mercadotecnia, y particularmente en los negocios, siempre se ha transitado entre pensar si hacer *workshops* es un arte y se acerca a la genialidad, la creatividad y la intuición, o más bien son una ciencia en la que se debe buscar el lado exacto, la predicción y el desarrollo de modelos matemáticos que se puedan utilizar, replicar y perfeccionar. Hay quienes han asistido a un *workshop* con la expectativa de encontrar soluciones concretas, implementaciones, números a alcanzar o fórmulas que ayuden a explicar lo que está ocurriendo.

Otros esperan ideas, cohesión grupal, entretenimiento o tratar bien a un grupo clave de profesionales. Más allá de lo anterior, lo que es siempre un hecho es que hacer *workshopping* es una herramienta que hay que conocer bien, que implica un conocimiento técnico y práctico, buscar que participe gente *senior* de la empresa que son los que toman las decisiones.

Los *workshops* forman parte de esas herramientas de marketing que no se pueden delegar a otras personas: quien los solicita por parte de la empresa tiene que liderar el proceso.

Como remarcamos anteriormente los *workshops*, se relacionan con una disciplina, una práctica o una actividad que contribuye al desarrollo de las marcas y lo que las rodea. No es una ciencia, aunque requiere capacitación y técnica para facilitar los *workshops*, usar las herramientas, manejar grupos, la resolución interpersonal de conflictos y el análisis de lo que se obtuvo del *workshop*. Tampoco es un arte porque los *workshops* implican un tiempo de preparación, de capacitación, de organización, de técnicas y uso de herramientas, así como criterio, sentido común, sensibilidad e intuición.

En resumen, el *workshopping* no es un arte ni una ciencia: es una práctica.

3. PRINCIPALES USOS DE LOS WORKSHOPS

El hecho de que se utilice el potencial de un grupo diverso, multidisciplinario y con diferentes niveles de experiencia sobre determinado tema hace que el uso de los workshops en el mundo del marketing y la construcción de marcas sea muy extendido. La base es que un grupo —con la dirección correcta de un experto y con las técnicas y herramientas apropiadas— puede trabajar para solucionar prácticamente cualquier problema o reto que tenga enfrente.

Sin afán de ser exhaustivos, algunos de los usos de los *workshops* se relacionan con idear o innovar —es decir, crear ideas de marcas, empaques, productos, servicios, etc.—, posicionar marcas, generar un concepto primario de comunicación, adaptar una marca o pieza de comunicación a un país, región o segmento, aterrizar algo encontrado en el comportamiento del consumidor, delinear la esencia de una marca, ambientar y visualizar la personalidad, posicionamiento o esencia de una marca.

- **IDEAR. Generación de ideas y conceptos.** Es posible crear una infinidad de ideas de nuevos productos, innovaciones, promociones y su funcionamiento, empaques, canales de distribución, conceptos de publicidad y más. A partir de un *workshop* se pueden dejar ideas sueltas o agruparlas y convertirlas en conceptos. Por ejemplo, una fragancia que desea entrar en el mercado de los *millennials*, una marca de cereal que quiere lanzar una extensión de línea en la categoría de barras de cereal pero con un distintivo, una cadena de cines que incursiona en los servicios de *streaming* o una marca de chocolates que pretende lanzar una promoción para el día de San Valentín. La idea es crear o idear algo nuevo, explorando el mayor número de alternativas posibles.

- **POSICIONAR. Posicionamientos y re-**

posicionamientos. A partir de una revisión de análisis del consumidor, el mercado, la categoría, la propia marca, la comunicación y la competencia, se pueden hacer *workshops* para desarrollar posicionamientos de marca. Con el debido conocimiento del consumidor e inteligencia del mercado, el grupo puede analizar, pensar y redactar borradores de posicionamiento que posteriormente puedan ser acotados y perfeccionados. Es usual que por un proceso grupal se alcancen *insights* del consumidor o hallazgos de investigación de mercados, o un vistazo al ADN de una marca para desarrollar posicionamientos o reposicionamientos, en su caso — los cuales requieren un trabajo posterior, aunque suelen tener los conceptos fundamentales del posicionamiento—. En ocasiones también hablamos de tomar el reto de hacer que un posicionamiento poco inspirador o con baja posibilidad de utilización quede listo para su implementación. Por ejemplo, una marca de bebidas alcohólicas que desea reposicionarse y tener tres o cuatro alternativas, una marca de botanas que necesita que su posicionamiento sea menos funcional y más inspirador para el desarrollo de la comunicación, o una nueva marca de ropa de *fast fashion* dirigida a adolescentes que requiere un posicionamiento que sea la base de todo el *marketing* de la marca.

- **CONCEPTUALIZAR. Conceptos publicitarios en su etapa inicial.** Después de revisar un *brief* de comunicación completo y hacer un análisis profundo de cómo se comunica la competencia, un *workshop* puede ayudar al desarrollo de conceptos o ideas de posibles campañas, *taglines*, *slogans* u otros componentes clave de la comunicación. Existen diversas agencias que han desarrollado sus propios *outputs* para lo anterior, como la antigua *Post-card* de jwt o los entregables de Disruption de Jean Marie Dru (1996) . Puede tratarse de un primer paso para generar una gran idea de campaña publicitaria, como son: «*¿Te gusta conducir?*» de BMW, «*Belleza real*» de Dove o «*Keep Walking*» de Johnnie Walker. Aquí el mayor valor está en el concepto detrás de ideas que maduraron y se convirtieron en ideas creativas o publicitarias. Dichos conceptos pueden servir de punto de partida para una gran idea o campaña, pero éstas normalmente se desarrollan por expertos en creatividad y arte aplicado a la publicidad y la comunicación con las marcas.

- **ADAPTAR. Adaptaciones y tropicalizaciones de marcas a otros mercados.** Los *workshops* son muy usuales para darle *look and feel* o sentido local a una marca que viene de otro país y que se quiere adaptar al país. Marcas como Kit Kat, hsbc, McDonald's o Coca-Cola desarrollan estrategias rectoras en otro país —como Estados Unidos, Reino Unido o Francia—; para que tengan mayor impacto en nuestro país, necesitan adaptar sus frases, ideas y experiencias de marca. Puede haber grandes adaptaciones a la cultura local, hasta marcas que ni siquiera traducen al español su slogan (ej. «*Chivalry*» de Chivas Regal [UK Essays, 2015]) por decisión estratégica.

- **ATERRIZAR. Aplicación práctica y aterrizaje de resultados de investigación o inteligencia de mercados.** En muchos casos, después de una presentación de resultados de un estudio de mercado —ya sea cuantitativo, *desk research*, cualitativo, antropológico o de redes sociales/digital — se busca aplicar los resultados a alguna necesidad de la marca. Por ejemplo, después de una investigación antropológica sobre los usos, costumbres y rituales de consumo de un shampoo se decide aprovechar al grupo presente para generar ideas sobre cómo estimular nuevos usos para dicha marca; o después de un estudio de segmentación o una sección de segmentos en un estudio cuantitativo de hábitos, usos y actitudes, el equipo trabaja en un *workshop* para hacer un collage y abundar en un segmento o desarrollar ideas de lanzamientos y estrategias de marca después de conocer dicho segmento a profundidad.

- **DELINEAR. adn de marca.** Hay casos en los que no es claro qué es una marca en su esencia más profunda, o la marca necesita una mayor alineación a la hora de implementar sus actividades de *marketing*, como publicidad en revistas, espectaculares, página web, estrategia de canal, activaciones de marca o relaciones públicas. En estos casos se necesita un ejercicio grupal para profundizar y delinear el código genético con todos sus componentes (atributos, beneficios, *insight*, personalidad, valores, propuesta de valor, mantra de marca, etc.).

- **AMBIENTAR. Consumidores especiales o embajadores.** En ocasiones tiene sentido hacer un *workshop* con consumidores tanto para el objetivo anteriormente expuesto como para generar ideas y darle riqueza a una marca en cuanto a temáticas, experiencias y ambientes, o expandir la personalidad o actitud de una marca por medio de consumidores especiales que pueden dinamicen el desafío de *marketing* (ej. lanzamiento de palitos de pan grisini para una nueva marca, presentada a panaderos y chefs de cocina italiana). De igual manera, podrían participar personas que sean embajadoras de la marca, como por ejemplo un vodka que tenga una base de consumidores que sean embajadores o líderes de opinión en contextos de consumo de bebidas alcohólicas como antros o bares.

Podríamos seguir con varios usos más, pero lo importante es que se trata de un recurso de grupo en el que participan personas de diferentes áreas (ej. *marketing*, inteligencia de mercados, ventas, investigación y desarrollo, área comercial, finanzas, relaciones públicas, franquiciatarios o distribuidores), socios estratégicos (ej. agencias de publicidad o promoción, digitales, de investigación de mercados o relaciones públicas, consultores o asesores) e invitados especiales (ej. consumidores prototípicos, periodistas, expertos en el tema). ¡Y el recurso está dentro de tu organización! Como vemos, a nivel estratégico el uso de los *workshops* va mucho más allá de inventar ideas o tener lo que se denomina un laboratorio para innovar.

Cuándo no utilizar *workshops*

Los *workshops* no son la solución para todo, por lo que en momentos es indispensable darse cuenta que no son lo más apropiado para el objetivo fijado. A continuación algunos ejemplos:

- **No se tienen claros los objetivos.** En ocasiones se desea tener una junta con el equipo o se quiere conciliar un tema con otra área de la empresa o una agencia, y el mecanismo que se utiliza es un *workshop*. También hay casos en los que no es claro o no se ha **madurado** la idea de por qué hacer un *workshop*; sin un objetivo claro o reto a vencer, es mejor no llevar a cabo un *workshop* o posponerlo hasta tener certeza del resultado que se busca.

- **Se espera una ejecución final o un elemento del marketing mix terminado.** Normalmente los estímulos e iniciativas que se desarrollan en los *workshops* no están terminados: requieren desarrollo posterior o son borradores que aún necesitan una etapa de destilado, pulido o de encontrar la expresión publicitaria más adecuada. Por ello, si se desea tener una ejecución publicitaria final, un slogan terminado y listo para lanzar o la estrategia finalizada de una marca o proyecto, lo mejor es no hacer un *workshop* y entender sus limitaciones y alcances. Asume que lo que se desarrolle aún requiere un proceso de perfeccionamiento

- **Se quiere investigar un asunto del consumidor.** Lo ideal es que el tiempo utilizado en un *workshop* no sea para analizar, hacer tabulaciones cuantitativas o analizar contenido cualitativo o antropológico. El sentido de los *workshops* es hacer buen uso del tiempo, aprovechar los antecedentes y experiencias diversas de los participantes, y utilizar técnicas para compartir opiniones, generar ideas y soluciones, explorar opciones o hacer un balance de un tema. Su función no es el análisis que un equipo experto pudiera hacer en otro momento. Se trata de realizar actividades que hagan que el grupo fluya, genere, desarrolle y no tenga que enfocarse o analizar a fondo algo que requiera que las personas se aíslen.

4. WORKSHOPS CREATIVOS VS ESTRATÉGICOS

En ocasiones se piensa que manejar grupos o facilitarlos implica un solo tipo de habilidades y experiencia de quien los dirige. En mi experiencia, no es así: las capacidades que se requieren en una sesión de grupo son diferentes a las de un workshop creativo y de uno estratégico. Esto no quiere decir que una persona bien preparada —aunque son pocos los casos— no pueda hacer los tres, sino que las capacidades que exige cada trabajo son diferentes.

Por supuesto, dado que estamos hablando de procesos grupales —en los que existen líderes, gente más introvertida que participa menos, roles diferentes y diversos intereses en los participantes —, hay puntos en común. Lo que el moderador debe hacer es crear un entorno abierto y respetuoso, manejar bien a los líderes, hacer que el grupo sea productivo y que se cumplan los objetivos en el tiempo previsto, y finalmente entregar un documento con cierto análisis. Más adelante profundizaremos en el rol del facilitador de *workshops* o como le llamamos *workshopper*.

Cada *workshop* tiene objetivos diferentes y se utiliza para diversos fines, como explicamos a continuación. Quizá la diferencia principal es que mientras los grupos focales se centran en indagar motivaciones, percepciones y barreras de consumo de las personas, los *workshops* creativos se utilizan para generar ideas de empaques, nombres, productos o promociones, mientras que los *workshops* estratégicos buscan aterrizar estrategias en iniciativas de *marketing*.

- **Sesiones de grupo o grupos focales.** Implican una capacidad para indagar y profundizar en las motivaciones, barreras y detonadores de consumo y compra de los consumidores. Usualmente los moderadores deben estar entrenados para hacer preguntas y cuestionamientos indirectos, generar confianza y comunidad en los grupos y utilizar técnicas proyectivas como asociación libre, metáforas, arquetipos, collage, frases incompletas, entre otras. Como vemos, la moderación de sesiones de grupo implica un entrenamiento especial en ciencias sociales como psicología, sociología, antropología o etnografía.

- **Workshops creativos.** A diferencia de las sesiones de grupo, no es importante profundizar en los porqués y las causas de los consumidores. Lo más relevante es generar un clima de confianza y apertura sin jerarquías ni juicios, que haga a un lado factores que puedan inhibir a algunas personas a participar. Un moderador debe utilizar técnicas innovadoras para estimular el pensamiento lateral o divergente cuando es necesario, en momentos hacer la lógica y el juicio a un lado, anotar lo clave sin que falte nada, llevar un orden y crear un ambiente lleno de ingenio y creatividad. En suma, debe darle su lugar a la gente sin jerarquías ni preferencias.

- **Workshops estratégicos.** Aquí no se trata de provocar el ambiente caótico o desordenado propio de los *workshops* creativos, si bien tampoco se quiere inhibir a las personas ni juzgar en todo momento. El foco es abstraer, trabajar con conceptos más que con partes, tener una vista panorámica, usar metáforas, ordenar el pensamiento del grupo. Muchas veces se utilizan técnicas menos 'sexy' que en su contraparte creativa porque los resultados deben ser más aterrizados: un concepto, tres posicionamientos, el concepto rector de una promoción o el adn de una marca. Es muy importante que el moderador logre que el grupo destile información y que los anime, pero el pensamiento racional y lógico se descarta sólo momentáneamente, pues es común que se hagan diagnósticos y evaluaciones, además de que se debe buscar una redacción adecuada.

Lo anterior es relevante porque en ocasiones se utilizan técnicas y habilidades de uno de los tres tipos de sesiones grupales más que de los otros. Asimismo, un elemento de suma importancia es que los *workshops* estratégicos se suelen llevar a cabo con equipos de *marketing*, negocios y agencias, y no con consumidores. Si el objetivo del *workshop* lo amerita, sólo en algunas ocasiones se podría hacer algún proceso complementario paralelo con consumidores, sin que esto sustituya el *workshop* con el cliente.

Estos puntos ponen el acento en el manejo de

clientes con diferentes mentalidades, jerarquías, estilos y prioridades. Que se fusionen bien, hagan una buena sinergia, un buen manejo de conflictos de interés. Al igual que los otros, pero por otras razones, es relevante el manejo de liderazgos y los tiempos con el fin de que los objetivos se cumplan.

Lo que nunca podría faltar al hacer un workshop

Hay aspectos que, si no están resueltos, es imposible o no recomendable hacer un *workshop*. A continuación nombramos lo mínimo con lo que se debe de contar para esta práctica.

- **Un reto o problema** a resolver, desarrollar, mejorar o potenciar.

- **Un grupo** idealmente heterogéneo pere (Diverso en cuanto a Perfiles, grados de Experiencia, Responsabilidades y Especialidades).

- **Un lugar fuera** de la rutina de trabajo de los participantes.

- **Un facilitador** que no pertenezca al grupo.

- **Un kit de materiales** para anotar, ordenar

ideas, enumerar, explorar y que esté visible para todos.

- **Un entregable**, ya sea una crónica de lo que salió en *workshop* (fotos, video, escrito), acervo de ideas/conceptos/bocetos, posicionamientos, *insights* listos para ser utilizados, un video o lineamientos estratégicos relacionados con el proyecto.

5. LO BÁSICO PARA QUE FUNCIONE BIEN UN GRUPO

El funcionamiento de los procesos grupales ha sido ampliamente tocado por diversos teóricos y especialistas. Se ha hablado de los roles, procesos, manejo de conflictos, etc.

En los *workshops* se aplican varios de estos conceptos; uno de los más importantes es que el lugar tiene un efecto en los procesos grupales. Es muy distinto el ambiente que se produce cuando un *workshop* se realiza en las oficinas corporativas de una empresa —digamos una sala de juntas — que si se hace en un espacio externo a la institución. El segundo caso es el recomendable por las siguientes razones:

- **Romper con la rutina diaria del trabajo del grupo.** En la oficina podría ser más difícil que el grupo se aleje de las funciones con que cumple normalmente día a día. Por ejemplo, un gerente de marca hace planes de *marketing*, juntas con la agencia de publicidad y de promociones, desarrolla y revisa presupuestos de *marketing*, selecciona proveedores, tiene juntas con ventas e investigación y desarrollo. Si se hace fuera de la oficina, es más fácil que tenga una perspectiva fresca, no institucional, creativa y fuera de la caja.

- **Organización espacial distinta.** Las sillas, el mobiliario, los espacios fuera de la sala de trabajo, el área de descanso, el tamaño y distribución nos hablan de un lugar diferente al de su empresa.Esto estimula el pensamiento lateral, distinto e innovador. Como sabemos, gran parte de crear un ambiente de creatividad consiste en romper con la cotidianeidad y las formas automáticas de actuar que todos tenemos. Hay casos de compañías que exponen su misión en los pasillos y elevadores, logotipos y slogans por la oficina, cubículos que proyectan organigramas y jerarquías, lugares por los que pueden transitar todos y los que no, etc. El grupo se ve enmarcado por la filosofía, valores y mejores prácticas de la corporación y esto puede ser un factor inhibitorio para el óptimo desarrollo del *workshop*. La organización espacial de las oficinas está diseñada para tener juntas, no para incluir espacios más libres, no jerárquicos, a veces caóticos, flexibles, versátiles y multiusos, que es lo ideal para llevar a cabo cualquier tipo de *workshop*. Por ejemplo, si echas un vistazo a los espacios que crea la empresa californiana ideo o Google, te darás cuenta de que el espacio sí importa a la hora de innovar.

- **No hay otro personal buscando a los participantes.** Cuando un *workshop* sucede en la oficina, existen momentos en los que una secretaria puede entrar para que una persona firme cheques, o un empleado que no participa en el *workshop* le haga revisar documento, o incluso una junta se empalme con el *workshop*. Esto hace que los participantes tengan la mente en aspectos cotidianos del negocio e impacta la concentración en lo importante del *workshop*.

- **Parte de las herramientas del workshop.** Se pueden aprovechar elementos como parte de las herramientas del *workshop*, como jardines, mobiliario especial, escaleras, etc. En una ocasión hicimos un *workshop* en el Hard Rock Café para una marca de teléfonos celulares; en uno de los ejercicios por equipos pudieron utilizar guitarras, baterías, bajos, fotos, memorabilia y playeras como fuentes de inspiración.

Es necesario contar con nuevos espacios para generar ideas más originales y frescas

6. QUÉ HACER Y QUÉ NO EN LOS WORKSHOPS

Robert Chambers (2004), en su libro Participatory Workshops, hace algunas recomendaciones al llevar a cabo un workshop. Dentro de lo que no recomienda hacer está: no acelerarse, no predicar o utilizar un tono como si se tratara de una conferencia, no criticar ni juzgar las ideas de otros, no interrumpir, no dominar, no sabotear y no tomarse nada a pecho.

Por otro lado, dentro de las cosas que Chambers (2004 recomienda están utilizar el mejor juicio en todo momento, presentarse a sí mismo, establecer comunidad, respetar a los demás, ser amable con las personas, preguntar, facilitar, empoderar a los participantes y apoyarlos, confiar en que pueden hacerlo bien, entregar el poder, ser sensible, compartir, observar, escuchar, aceptar y aprender de los errores, relajarse, desaprender, abandonar las preconcepciones, tener conciencia de sí mismo y ser autocríticos, triangular, buscar ignorancia óptima, ser honesto, improvisar, estar óptimamente no preparado y flexible, divertirse, hacer chistes y disfrutar el proceso, innovar e inventar (probar nuevas cosas), ser atrevido y tomar riesgos.

Lo anterior resume muchos elementos que veremos con más detalle a continuación y que forman parte de las bases para que el facilitador lleve a cabo un *workshop* exitoso y aproveche al grupo para desarrollar ideas y estrategias. El manejo asertivo e inteligente de los grupos, estar atento a lo que sucede en el grupo y en el facilitador mismo, tener humor e intentar diferentes posibilidades en los momentos indicados son aspectos importantes a tomar en cuenta.

"Ya probamos lo que estás diciendo y no funcionó"

Para el buen funcionamiento de los *workshops* es indispensable suspender un clima de prejuicio para no tomar la situación actual como una réplica del pasado. Se trata de no censurar, inhibir o desacreditar ideas antes de tiempo.

En los procesos grupales existen etapas en las que se intercalan ejercicios que exigen al grupo algo diferente. En un momento se requiere que el grupo genere muchas ideas para atacar un problema o reto de una marca, en otros puede ser votar esas mismas ideas en cuanto a una serie de criterios estratégicos (viabilidad, alineación con la marca, nivel de inversión, claridad y comprensión, factibilidad para desarrollar el proyecto con las competencias de empresa actuales). En otros momentos puede ser correcto revisar pros y contras de ideas, buscar soluciones estratégicas o hacer que un concepto tome vida y sea más inspirador.

El buen manejo del tiempo es de extrema importancia, y esto se va adquiriendo con la experiencia. Un *workshopper* debe de ser capaz de notar cuándo dedicarle más tiempo del planeado a un tema, cuándo dar un giro al *workshop* porque algo no está funcionando, o cuándo hay un punto sensible que está afectando la productividad del *workshop*.

Como sabemos, en los *workshops* es necesario hacer a un lado juicios de valor o críticas en el sentido de que una idea ya haya sido formulada o implementada, que no sea viable, que sea muy cara, que a una persona le parezca tonta o disparatada o que no concuerde con el negocio o categoría de producto (por ejemplo, utilizar el concepto de *packaging* de un yogurt para aplicarse a una marca de bebida alcohólica).

Muchos de los grandes inventos o innovaciones han surgido de la aplicación de algo que no forma parte de la lógica de una categoría de producto o servicio. Por ejemplo, la idea del museo Guggenheim que tomó el fundador de Ikea para crear la experiencia de compra de las tiendas, integrar una cámara fotográfica a un teléfono celular, el concepto de remo o esquí para desarrollar aparatos de ejercicio o utilizar la plataforma de Uber para proveer servicios de mensajería y paquetería.

Como nos hemos podido percatar en el tiempo, las grandes ideas surgen de diversos lados; en ocasiones hay ideas que pudieron juzgarse como tontas o imposible de ser implementadas y que hicieron surgir otras que fueron exitosas, ideas totalmente externas a una categoría de producto que fueron la inspiración para una innovación.

Dar por hecho: El peligro de jugar *safe*

Uno de los elementos que más dañan la estimulación del pensamiento lateral es dar las cosas por hecho, tener una costumbre, hacer algo en automático. Las ideas creativas en realidad reconstruyen nuestro modelo asociativo respecto a algo. Por esto es importante evitar dar algo por sentado en los *workshops*. En una ocasión un participante se quedó callado mientras hacía un dibujo de cómo quería que fuera un nuevo empaque; más tarde, el facilitador notó el dibujo, lo mostró al grupo con el permiso del participante, y ese diseño fue el que detonó el desarrollo final del empaque.

Continuando con lo anterior, si las primeras asociaciones que tenemos con un yogurt es sobre algo sano, de colores tenues, de consistencia cremosa, de sabores frutales, en empaques pequeños o de litro, y desde ese mundo asociativo generamos ideas de nuevos empaques para un yogurt, es muy probable que esas asociaciones nos lleven a crear ideas que son más de lo mismo.

Necesitamos traer nuevos componentes y asociaciones para realmente llegar a ideas distintas. ¿Por qué un yogurt para un segmento especifico de consumidores no podría tener cafeína, o no podría ser un postre sólido que se coma con cucharita para atacar más el mundo de los postres, o, por qué no se podrían vender yogurts afuera de los bares habiendo detectado una necesidad de los consumidores? Lo importante es llenar necesidades de los consumidores de formas creativas que generen negocio.

Por lo anterior, no dar por sentado nada se vuelve algo relevante al pensar en lo que es recomendable hacer en los *workshops*.

En resumidas cuentas, lo siguiente es lo que se debe hacer y lo que no al llevar a cabo un *workshop*:

Los procesos de *workshopping* no son ideales para perfeccionar una idea o para tratar un tema de carácter formal. Se trata de que el grupo sea productivo y avance.

Si se debe hacer	No se debe hacer
Crear comunidad y ambiente de empatía.	Criticar o juzgar ideas.
Buen manejo del tiempo.	Tono y estilo de conferencia formal.
Empoderar y apoyar a los participantes.	Ahondar en una sola idea.
Trabajar en el desarrollo conceptual o la idea de	Dedicar el tiempo a perfeccionar o trabajar en la forma de una idea.
Generar muchas ideas.	Buscar sólo una idea, *la idea*.

7. WORKSHOPS EN EL DESARROLLO DE CONCEPTOS

En marketing siempre se habla de desarrollar, evaluar o lanzar conceptos de nuevos productos, de conceptos publicitarios y en nuestros días hasta de innovar con experiencias de marca. Formar y desarrollar conceptos se ha vuelto crucial para los procesos de innovación, particularmente lanzamientos de nuevos productos y extensiones de línea.

A pesar de lo anterior, en el mercado existen pocos lugares, profesionistas y agencias que saben escribir nuevos conceptos, pues involucra más que un simple listado de atributos o innovaciones. La falla normalmente reside en dos cosas: los conceptos están escritos en el lenguaje del marketing, con un vocabulario convencional o trillado que no le habla al consumidor, y no se analiza a profundidad en dónde conecta el concepto con una necesidad o deseo real del consumidor. En realidad los conceptos son descripciones de los productos y lo que hacen por las personas.

Un concepto es una idea plasmada en palabras o una expresión que representa la descripción de algo. La función de los conceptos — ya sea de productos, promociones o servicios — es presentarle a los consumidores una idea no terminada para decidir si continuar con el desarrollo y la inversión posterior puesto que tiene potencial de éxito, o desechar la idea o volver a desarrollarla con cambios.

Veamos el ejemplo de un concepto de producto presentado por Beloved Brands en su artículo: *«How to write a winning Brand Concept statement».* (Graham Robertson, 2013) Se trata de una marca de galletas que se llama Gray's Cookies.

> *Placer libre de culpas con las galletas Gray's ¿Te sientes culpable cuando metes tu mano en el frasco de galletas?, ¿No sería genial tomar una galleta sin preocuparte por haber roto la dieta? Las galletas Gray's son el placer libre de culpa que mejor sabor tiene para que puedas mantener el control de tu salud. Esto*

se debe a que las galletas Gray's son bajas en grasa y calorías, y al mismo tiempo tienen un gran sabor. En pruebas ciegas de sabor, las galletas Gray's empatan con las líderes en sabor, pero solo contienen 100 calorías, con 2g de grasa y 3g de azúcar. En un estudio de doce semanas los consumidores que las comieron una vez en la noche como postre perdieron diez libras. Prueba las galletas Gray's y encuentra el camino para mantenerte saludable.

Es interesante revisar el artículo de Beloved Brands en el sentido de cómo se transforma una declaración de posicionamiento en un concepto. Las empresas buscan lanzar productos de forma calculada y menos costosa, optimizando su inversión. Por ello, antes de invertir en un producto, empaque o sabor quieren tener certeza de su potencial para ser exitoso en determinado mercado o segmento antes de pasar a la siguiente etapa de desarrollo. Antes de invertir miles o millones de pesos en un producto, un empaque, una campaña publicitaria o un logotipo, se evalúa si la idea tiene potencial de venderse; si no lo tiene, en muchos casos no se sigue adelante con el proyecto o se hacen adecuaciones y se revisa el proyecto.

Cuando se buscan posibles conceptos de

producto o promociones, los *workshops* funcionan muy bien pues el grupo desarrolla un abanico de posibilidades diferentes, con muchas más variantes y alternativas que si fuera la labor de una sola persona o de los equipos de *marketing* o investigación y desarrollo.

Los principales problemas que he enfrentado, respecto al desarrollo de proyectos, son principalmente los siguientes:

- **Consumidor no familiarizado con vocabulario y expresiones.** La redacción utiliza términos propios del *marketing* y no del consumidor; por ejemplo, usar palabras como *cool*, experta o *expertise*, *chida*, alivianada, desempeño, soluciones, etc. Estamos acostumbrados a utilizar expresiones y términos en las salas de juntas que nunca usa el consumidor en su entorno: el vocabulario denota la pertenencia a un círculo pequeño de profesionistas o consumidores. Es muy importante tomar en cuenta los estudios de mercado a la hora de redactar conceptos dirigidos a distintos medios, cómo se expresa el público objetivo en Twitter o medios donde se comunica. Claro que al final el lenguaje que utilice la marca también tiene que contemplar cuál es su voz, y qué vocabulario expresa su dna, posicionamiento y principios. Una marca como Paletas Magnum no utiliza el mismo lenguaje que las congeladas Bon Ice o Carlos V.

- **Conceptos sin *insight*.** En muchos casos, los conceptos parten o se centran en lo que hacen, cómo se desempeñan, cómo operan y qué solucionan, pero no se basan en algo encontrado en las necesidades, motivaciones o barreras del consumidor. A veces el problema es que no aportan algo relevante para el consumidor. Es trascendental que un concepto nazca de un espacio no cubierto por alguna marca, una necesidad no satisfecha, una barrera con la que se enfrenta el consumidor, etc.

- **Listado de atributos o beneficios.** Un problema frecuente es que los conceptos son muy largos o parecen un panfleto de atributos; además de que son muchos, en realidad varios no son muy diferenciales o únicos de la marca, o implican que faltó un filtrado real de los atributos clave y diferenciadores.

Como sabemos, un concepto busca proyectar una idea de forma escrita cuando ésta aún no se ha desarrollado o no es aún un hecho tangible. De qué trata el concepto y en qué se va a utilizar puede influir en la forma en que está redactado.

Por ejemplo, si el concepto se presentará al equipo directivo de *marketing* y la marca o se expondrá en el plan de *marketing*, probablemente es importante incluir una introducción —de qué nació la idea del concepto— e incluir imágenes, fotos o videos para ejemplificar la forma en que funciona el producto (ej. dosificador, nueva tapa, tecnología...). Si va dirigido al consumidor tiene que ser autoexplicativo, es decir, que no sea necesario presentar o explicar más que lo que viene en el concepto. Recordemos que el consumidor no es experto en leer conceptos o posicionamientos, el sólo ve al final empaques, anuncios, productos, etc. Claro que existen veces en que no se puede explicar sólo con texto lo que es o hace un nuevo producto.

De hecho, dada la importancia actual de la tecnología, en muchas ocasiones se debe demostrar el funcionamiento del concepto de producto pues a veces es casi imposible ejemplificar por escrito su forma de operar. Lo relevante es que el concepto no venda o prometa más de lo que hace la marca o el producto.

Si se trata de un concepto para fines de pruebas cuantitativas (ej. volumétrico con modelo predictivo, análisis conjunto, etc.) en una investigación de mercados, es muy posible que la descripción concreta del concepto sea relevante y que incluya precios, contenido volumétrico, versiones e incluso el empaque. Si se trata de un estudio cualitativo exploratorio, es posible que sea de gran importancia el *insight* y la alineación de cada parte que conforma el concepto.

Si se trata de un concepto de promoción, no puede faltar la mecánica y funcionamiento del concepto, requisitos para participar en él y los incentivos (premios, sorteo, número de ganadores). Si es un concepto publicitario, se requiere el mensaje o la idea —en muchos casos la gran idea—, los *narromatics, videomatics, animatics* y otros materiales que forman parte de la siguiente etapa de desarrollo, cuando sólo se tiene el fondo y no la forma.

Cuando se desarrollan conceptos con los fabricantes del producto o servicio, los responsables de la marca o socios estratégicos es muy importante separar el desarrollo de ideas de la conformación y del pulido del concepto. Cada una de estas tres fases implica un ejercicio y enfoque predominantemente diferente, como se ejemplifica a continuación.

Los ejercicios para el desarrollo de ideas buscan estimular el pensamiento lateral y desordenado del consumidor y que el grupo tenga un nivel energético alto y con elevado entusiasmo; por otra parte, cuando se agotan las ideas concebidas, se aplica otra técnica que sea de mayor provecho para al grupo. Aquí no importa el lenguaje utilizado, sino que la idea sea clara para el grupo y el facilitador

la haya captado bien en el material de notas que utilice.

Cuando se redactan conceptos es más importante el enfoque, la forma, la estructura gramatical, el lenguaje, lo destilado y resumido de la idea. La creatividad interviene porque se trata de escribirlo y expresarlo de una forma diferenciadora, pero también la lógica, un lenguaje entendible para el consumidor y con sentido para la marca que lo elabore.

Por último, cuando hablamos de mejorar un concepto existente, nos referimos a acortarlo, mejorar alguna parte (ej. *insight*, proyección de beneficios, frase de cierre o *tagline*), adaptarlo a un mercado —si el concepto viene del extranjero y hay que redactarlo a la mexicana— ajustarlo a otro segmento —como un concepto concebido para adolescentes que se quiere dirigir a adultos jóvenes — o si además del concepto se quieren incluir otros materiales en los que la marca ha avanzado, como por ejemplo el prototipo de empaque, un demo de cómo se aplica el producto o cómo se usa el servicio.

Para redactar un concepto, lo importante es darle al grupo la instrucción de que se explique por sí mismo, sea claro y que tenga los siguientes elementos:

IDEAS	CONCEPTOS	MEJORAMIENTO DE CONCEPTO
Pensamiento lateral	Pensamiento lateral y vertical	Pensamiento lateral y vertical
Extensivo al buscar cantidad de ideas/conceptos	Enfocado en un concepto	Formato y optimización
Sin juicio de valor ni evaluación; pensamiento divergente	Con juicio y evaluativo; pensamiento congruente	Alineación con el consumidor; pensamiento congruente
Grupal	Individual y grupal	Individual y grupal
Entendible para el grupo	Entendible para el grupo y el consumidor	Entendible para el consumidor

- ***Insight.*** Una verdad del consumidor que puede provenir de algo que necesita o le motiva, una barrera, un ritual o forma en que consume un producto, algo sobre la marca o la competencia, un aspecto actitudinal o que le ocurre en su vida. Es importante que sea breve y redactado de forma entendible en la que habla el consumidor. El consumidor se debe sentir reflejado en el *insight,* en el sentido de que incluya algo que le pasa a él o ella, que le preocupa, que desea, que ama, que le quita el sueño, etcétera.

- **Descripción.** Expresa de forma escrita lo que el producto o servicio hace por el consumidor, sus características clave y los beneficios en que éstas se traducen. Es lo que se denomina el «cuerpo» del concepto, muchos de los cuales sólo cumplen con esta parte.

Sin cuerpo o descripción no hay concepto: no pueden ser filosofías, valores o argumentos de venta, sino concretamente en qué consiste el concepto. Aquí hablamos tanto de los atributos diferenciales que ofrece el producto como de los beneficios que aportan dichos atributos. Por ejemplo un atributo podría ser que una bebida contiene taurina o cafeína y los beneficios que les provee energía y que los hace sentir animados. Claro que el concepto no debe enlistarse sino fluir en la redacción del mismo. A veces sirve tener un listado de atributos y beneficios, y después redactarlos de forma fluida.

- ***Tagline* o frase de cierre.** Depende del tipo de concepto que se desarrolle: no todo concepto debe tener una frase de cierre ya que puede ser un estímulo que el consumidor juzgue de forma individual. Es importante valorar si hace falta una frase de cierre que sintetice lo fundamental del concepto o si es suficiente con la descripción. Y si se va a *testear* en una investigación de mercados se analice tanto como parte del concepto como por sí sola como frase. Podría haber un concepto ganador y muy bien recibido por los consumidores con una frase que disgustó o no plasmó lo esencial del concepto.

Como ejemplo de lo anterior, los vehículos Tesla marcaron el nacimiento de un nuevo concepto de automóvil: el Modelo S, un vehículo totalmente eléctrico, puede recorrer 480 kilómetros por carga; la batería se carga en sólo 45 minutos, no requiere cambios de aceite, y además proporciona otros incentivos al propietario, como un crédito al impuesto federal por usd 7,500.

Tal como Kotler, Burton, Deans, Brown y Armstrong (2015) mencionan en su libro *Marketing*, una idea de producto se refiere a un producto posible que una compañía podría ofrecer a determinado mercado. Por ejemplo, presentan las diferentes posibilidades de concepto en función del enfoque y target para un coche eléctrico que usa batería de poder, tiene apariencia deportiva y cuesta más de usd 100,000, pero en un futuro desea lanzar una alternativa más económica para competir con vehículos híbridos, dirigida a un mercado masivo.

El coche en cuestión es totalmente eléctrico, acelera de 0 a 100 km/hora en 5.6 segundos, viaja más de 500 kilómetros con una carga, se recarga en 45 minutos en una estación estándar y el costo es de un centavo de dólar por kilómetro recorrido. Los autores hablan de diversas posibilidades de desarrollo de concepto sin elaborarlas del todo; aquí nos interesan las vertientes que ellos ven. Se podrían desarrollar los siguientes conceptos para el mencionado vehículo:

- **Concepto 1.** Un coche de tamaño mediano, diseñado como segundo coche familiar para uso urbano para hacer los mandados y visitar a los amigos.

- **Concepto 2.** Un coche deportivo de precio medio, atractivo para solteros y parejas jóvenes.

- **Concepto 3.** Un coche verde que apela a la consciencia ambiental de personas que desean transportarse de forma práctica y baja contaminación.

- **Concepto 4.** Un vehículo utilitario de lujo de tamaño mediano que apela a quienes aman el espacio que proporcionan las camionetas tipo suv, pero no les gusta su baja economía de combustible.

Los autores (Kotler et al. 2015) luego desarrollan el Concepto 3: Un pequeño coche eficiente, divertido de conducir, impulsado por batería, para cuatro pasajeros. Este vehículo totalmente eléctrico ofrece una transportación práctica y confiable sin contaminar. Recorre 500 kilómetros con una sola carga y manejarlo cuesta apenas centavos por kilómetro. Es una alternativa sensata y responsable a los contaminantes coches actuales que devoran gasolina. Su precio en su versión de equipamiento completo es de usd 35,000.

Si bien este concepto tiene los componentes principales de atributos y beneficios, está orientado sólo a producto. Podría ser probado así, aunque no incluya la necesidad del consumidor que este concepto pueda satisfacer y posiblemente tenga demasiados atributos a comunicar. Con respecto al segmento meta, tendríamos que contestar a quién va dirigido.

En varias ocasiones, los conceptos desarrollados en los *workshops* son evaluados posteriormente en una investigación de mercados ya sea cualitativa o cuantitativa. Si este es el caso, es muy importante que el equipo que haya facilitado el *workshop* le dedique las próximas semanas a pulir y optimizar la redacción y la claridad de los conceptos que se evaluarán.

Además de revisar que formato se utilizará para *testear* los conceptos. Normalmente es mejor irse de un *workshop* con buenos conceptos que fueron descritos claramente de forma general y dejar la actividad de corrección y redacción fina ya no con un equipo más grande y sin limitaciones del tiempo.

El riesgo que se corre si se dedica tiempo del *workshop* a afinar a detalle conceptos es que se reduzca el tiempo para dedicar a desarrollar diferentes alternativas de conceptos, el juego que se puede hacer entre atributos de producto, beneficios e *insights*, y que con un grupo grande de entre ocho a veinte personas se vuelva tortuoso ponerse de acuerdo sobre cuál es la mejor forma de expresar y redactar el concepto.

Ahora, ya ni digamos si son varios los conceptos. Es por esto que lo que más funciona es que el ajuste fino se haga después y con personas que tengan la experiencia de redactar conceptos y de inteligencia de mercados.

Checklist para analizar si un concepto está listo para ser presentado o probado en un proyecto de investigación de mercados:

¿Está redactado de forma clara y comprensible para el consumidor?	
¿Describe claramente las características del producto o servicio y los beneficios que	

conlleva?	
¿Está escrito en un vocabulario y lenguaje que suele utilizar el consumidor al que va dirigido?	
¿Maneja un sólo eje conceptual o varios?	
¿Es apropiado para la marca que lo está presentando?	
¿El concepto se explica por sí mismo sin necesidad de añadir nada más?	

Normalmente los conceptos se escriben en rotafolios para enfatizar que se trabaja en algo serio que aún no está cerrado —un boceto— y que es más importante la sustancia y el contenido que la letra, los tachones, las comas o las correcciones. Lo más relevante es que el equipo trabaje en el concepto y lo plasmen por escrito en algo concreto y tangible, sin importar su estilo o si trabajan de forma desordenada.

Esto es trascendental en un *workshop*: nadie se escapa de decir ideas en el aire, de no escribir, de que todo se quede en algo abierto, contradictorio o más de lo mismo. Ése es uno de los enormes valores que tienen los *workshops*: delimitan las actividades a un tiempo y espacio, por lo que cada ejercicio debe de tener un resultado o se hace con un objetivo específico.

No hay ejercicios o técnicas para ver qué sale ni calentamientos largos sólo para que el grupo se integre. Se trata de ser productivos, y la productividad se mide de manera concreta con conceptos, ideas, bocetos, demos y soluciones.

En los workshops no hay tiempo para que los temas queden en el aire: todo tiene que aterrizar en algo.

Otra de las grandes riquezas de los *workshops* es la retroalimentación instantánea de grupo y el surgimiento de ideas en cualquier momento. Aunque hay una agenda y orden del día, es posible que alguien añada algo a una idea ya trabajada, que aporte una idea o construya sobre la que otro dio. Este tipo de idas y vueltas es común en los *workshops*.

La flexibilidad es una de sus grandes ventajas. Podría surgir un tema en la agenda que no habían pensado el usuario principal del *workshop* y quien lo contrató, y que en ese momento se vuelve trascendental. Recuerdo una sesión en que un director de *marketing* presentó un punto que surgió unas horas antes y que se convirtió en la temática principal del *workshop*. Ésta no es la norma, pero da cuenta de que los *workshops* están para guiar y para solucionar problemas concretos de *marketing*. En un *focus group* o investigación de mercados lo que se quiere conocer normalmente no cambia; los *workshops*, por el contrario, están para tratar retos, oportunidades y problemas de *marketing* con su naturaleza cambiante.

Como se ve, el manejo de los tiempos es de gran relevancia. En muchos *workshops* existe una agenda previamente acordada con tiempos específicos, aunque no sean del todo exactos; esto no impide que el *workshop* no sea exitoso, sino que en ocasiones se sacrifica un tema por la relevancia que tuviera otro. Es vital tener contacto continuo con el iniciador —quien solicitó el *workshop*— para corroborar que todo vaya en línea con lo establecido y lo esperado. En ocasiones un ejercicio puede retrasar la agenda del grupo, por lo que el responsable debe determinar la importancia estratégica de continuar y ahondar en él en lugar de seguir la pauta establecida.

Se trata de un equilibrio entre el consultor/facilitador que conoce el propósito y las expectativas del *workshop* y que por su expertise debe de sentir tranquilo de que todo va bien encaminado, con que la persona o grupo responsable del proyecto siente que se está sacando el mayor provecho posible del grupo. El equilibrio reside entre la despreocupación que el experto en *workshops* tiene con respecto output de lo que se va produciendo en el workshop cumple con lo previsto, y la tranquilidad del responsable del proyecto por parte de la marca que las ideas y conceptos que salen cumplen con lo que está esperando.

Tener a ese grupo, en ese preciso momento, en ese lugar, es el activo más valioso de un *workshop*.

YOWO: *You Only Workshop Once*

Cuando se realizan *workshops* estratégicos, bien se podría prescindir del lugar, de una agenda preestablecida y de un ideal, pero nunca de un grupo rico, multidisciplinario, comprometido y desinteresado que está para aportar ideas. En una ocasión no pudimos acceder al lugar donde se llevaría a cabo el *workshop*, así que lo hicimos en el parque al otro lado de la calle. En ese caso todo salió bien: nos adaptamos al lugar y se cumplió con lo que se esperaba de nuestro trabajo.

De un *workshop* que sucede en la playa —sin nada más que arena, sol y mar— podrían salir buenas ideas, conceptos y estrategias exitosas, siempre y cuando detrás haya un grupo poderoso, que se mide por la riqueza del perfil de los participantes, su diversidad, su nivel de implicación en el tema (desde alguien que conoce el producto a profundidad hasta quien tiene una mirada fresca porque no lo conoce). Ahora bien: casi no existe grupo malo para un *workshop*, sino un facilitador que no supo cómo sacarle provecho a sus potencialidades para cumplir con una meta.

En un *workshop*, la riqueza de un equipo no se mide en jerarquías, organigrama o años de experiencia si se trata de una persona.

A pesar de lo anterior —y como en toda actividad de *marketing*—, no existe la situación ideal. Hay que lidiar con personas de diversas jerarquías en un grupo, personal de la agencia y del cliente, una autoridad en el tema y un novato. Lo más importante es que el facilitador sea capaz de minimizar este tipo de factores inhibitorios gracias a las siguientes estrategias:

- Dividir al grupo para ciertos trabajos en equipos pequeños (cuatro a seis participantes) a fin de separar a personas que por algún motivo no sea óptimo mezclar o para no perder la riqueza del grupo: un jefe y subalterno, personas de la misma agencia de publicidad (servicio a clientes y creativo), personas o áreas con fricciones constantes (ventas y *marketing*), gente de una sola área (todo *marketing* en un equipo).

- Si el facilitador intenta que todos participen libremente y nota que alguien de mayor jerarquía o experiencia no deja que los demás intervengan y monopoliza la plática o el desarrollo de las ideas, es importante que lo llame fuera del salón y amablemente lo haga consciente de que es posible que esté inhibiendo al grupo de participar más debido a su conocimiento del tema.

- Si se reconoce un perfil como el que se acaba de describir, se sugiere hacerlo partícipe del proceso de facilitación. Esto es deseable desde antes de empezar el *workshop* y previo acuerdo con la persona. Sin embargo, es crucial que el grupo no perciba que serán supervisadas por esta persona, sino que no tiene injerencia en la toma de decisiones.

En resumen, los siguientes puntos son fundamentales al llevar a cabo un *workshop* de desarrollo de conceptos:

Que los conceptos tengan *insight*, beneficios y atributos que sustentan los beneficios.

Plasmar de forma clara, concisa, no vendedora y descriptiva en qué consiste el producto, servicio, promoción o estímulo de *marketing*.

Separar de la descripción el efecto de estímulos como fotos, videos, marcas, colores u otros que no permitan formar una idea clara de en qué consiste el concepto. Sin embargo, en los *workshops* se puede trabajar para enriquecer un concepto con imágenes, diseños, materiales, referencias y modelos.

Si se cuenta con un simple listado de atributos o beneficios, aunque fueran únicos e innovadores aún no hay concepto.

Un solo eje conceptual evita incorporar más de un concepto.

El concepto debe explicarse por sí mismo: cualquier persona del target y del equipo del workshop es capaz de explicarlo fácilmente.

Se busca una descripción de lo que el producto o servicio hace por el consumidor, no frases vendedoras ni persuasivas para convencerlo de comprarlo.

8. WORKSHOPS PARA EL DESARROLLO DE POSICIONAMIENTOS

Como menciona Brad VanAuken (2014) en Brand Aid, un posicionamiento es la forma en que un consumidor percibe una marca dentro de determinado entorno competitivo. Lo explica como la función que tiene la promesa de una marca y cómo se compara contra otras en una serie de componentes como calidad percibida, confianza, liderazgo, valor percibido, innovación, seguridad y responsabilidad social, entre otros temas.

En nuestros términos, el posicionamiento se entiende como la posición que tiene una marca dentro de la mente del consumidor, así como de las estrategias de *marketing* para resumir —en una frase o declaración (*statement*)— la propuesta de valor o la promesa que la marca le hace al consumidor. Hablamos del posicionamiento deseado o la posición que se pretende que el consumidor tenga en la mente. Para nuestro caso nos referiremos al posicionamiento que desarrollamos para que encuentre su posición en la mente del consumidor.

La composición de un posicionamiento es diferente dependiendo de los modelos y autores a los que nos refiramos. Sin embargo, siempre hay consenso en clarificar la posición que se quiere para una marca dentro de la mente de unos consumidores al considerar la combinación entre un *target* o segmento que necesita algo, una marca que le otorga o promete al consumidor una serie de beneficios (de lo funcional hacia lo emocional) sustentados en atributos o características, y una marca que compite en determinado mercado o marco de referencia (ej. desde categorías de producto hasta necesidades como moda rápida o indulgencia *premium*).

Un posicionamiento de marca responde a lo anterior, aunque hay quienes proponen revisar y desarrollar otros conceptos comunes de *marketing* para un ejercicio de posicionamiento.

Por ejemplo, en el proyecto Blake, VanAuken (2013) plantea que para el desarrollo de una declaración de posicionamiento es necesario trabajar en el adn de la marca o lo que es en esencia —como yo lo llamo, el genoma de marca—, su promesa (dónde se incorpora la descripción del *target* al que va dirigido, el beneficio único y convincente, su marco de referencia, el contexto y las evidencias o razones por las que el consumidor va a creer los beneficios), el arquetipo de la marca (usando como referencia los arquetipos de Carl Jung), su personalidad, su posición en cuanto a precio, la estrategia de distribución. A continuación describimos los puntos anteriores:

- **Esencia de marca.** Sustantivo o adjetivo que representa el corazón de la marca, su calidad atemporal, su adn. Ejemplos: Nike, «Desempeño atlético auténtico»; Hallmark «El cuidado compartido»; Disney: «Entretenimiento divertido en familia»; Disney World: «Diversión Mágica»; Starbucks: «Recompensando los momentos diarios»; The Nature Conservancy: «Salvando grandes lugares». Como dice el autor, es raro que la esencia de marca de una organización y su slogan sean los mismos. Por ejemplo, la esencia de Nike se tradujo a dos slogans: «Sólo hazlo» (*Just do it*) y «Yo puedo». (VanAuken, 2013) Pero en el caso de The Nature Conservancy, la esencia de marca y el slogan son los mismos. Casi nunca ocurre lo último; si en un *workshop* se desarrolla la esencia o genoma de una marca, suele faltar la bajada de ese adn en una expresión creativa, de lo que se encarga un experto en agencias de creatividad. No es que otro profesional no lo pueda hacer, pero el trabajo profesional creativo normalmente no se resuelve en *workshops* estratégicos. Por supuesto, existen creativos profesionales que como proceso de trabajo desarrollan ideas en sesiones colectivas.

- **Promesa de marca.** La marca se presenta como la única capaz de entregar un beneficio determinado a su consumidor que forma parte de un *target* específico (descripción del consumidor), que compite en cierto marco de referencia (entorno competitivo de producto o servicio), en determinado contexto (toma en cuenta ciertas tendencias que hacen que los beneficios sean relevantes y convincentes) y que sustenta los beneficios con determinadas evidencias o razones creíbles.

- **Personalidad de marca.** Entre seis y diez adjetivos que describen a la marca como si fuera una persona, con rasgos atribuibles.

Por ejemplo, podríamos decir que Nike tiene una personalidad irreverente, desafiante, competitiva, divertida, etc.

- **Posición del precio de la marca.** La descripción de la posición y la estrategia de precio.

- **Estrategia de distribución de marca.** La descripción de la estrategia de distribución de la marca.

- **Misión, visión y valores.** Si la marca es una organización, también se incorporan estos principios.

Algunos agregan un punto para definir lo que hacen los competidores para distinguirse de otras marcas que no pueden prometer lo que este posicionamiento. Se trata de utilizar a los competidores como referencia.

Los *workshops* son una excelente herramienta para perfilar, revisar, redirigir y desarrollar alternativas de posicionamiento. Esto no quiere decir que un workshop sea indispensable para establecer un posicionamiento, pues es una labor habitual que forma parte de las funciones de directores, gerentes y asistentes de marca y *marketing.* Sin embargo, trabajarlo en equipo en un *workshop* permite dedicarle un tiempo especial para desarrollarlo, desmenuzarlo, atarlo a las necesidades de los consumidores, y que sea el resultado de un equipo multidisciplinario que le da riqueza y lo siente como propio.

Hay ocasiones en que los posicionamientos de marcas globales o regionales ya están establecidos, por lo que se deben adaptar al entorno local, aunque algunas marcas podrían no hacerlo (como el caso de marcas de fragancias o bebidas alcohólicas de alta gama). Definir el grado de adaptación que sufrirá un posicionamiento al entrar a un país o región es un asunto estratégico, y esto también se puede trabajar en un *workshop*.

Como mencionamos más arriba, es práctica común explorar posicionamientos en un *workshop* para adaptarlos al entorno local o cuando se tiene mayor información e investigaciones de mercado que se quieren tomar en cuenta. Por ejemplo, ante un nuevo estudio de segmentación, una investigación de hábitos, usos y actitudes o un proyecto motivacional profundo sobre una marca y/o categoría de productos, la gerencia de marca podría explorar nuevos caminos de posicionamiento para aprovechar nuevos *insights* sobre el consumidor y la categoría de producto, o para pasar de un segmento poco inspirador a uno más acotado y fértil para la marca.

En una ocasión me tocó trabajar para una marca global de chocolates que había contratado un nuevo estudio de segmentación de consumidores de chocolates e indulgencia, y que quería entenderlo bien y utilizar los segmentos encontrados para reorientar los posicionamientos de sus marcas hacia dichos segmentos. Primero se trabajó en traducir, destilar y comprender de mejor manera los segmentos de consumidores encontrados.

Después se utilizaría una segmentación más centrada en estados de necesidad de los consumidores que en características demográficas. Existían estados de necesidad como energía, socialización, indulgencia de mí para mí, etc.

Posteriormente, hicimos un *workshop* donde se presentaron los segmentos nuevos, lo que las marcas tenían como plan, objetivos y apuestas, para finalmente revisar sus posicionamientos actuales para adaptarlos a los nuevos segmentos o en algunos casos rehacerlos completamente (sin chocar con la historia de la marca).

Otra alternativa es tener varias expresiones de un mismo posicionamiento al aprovechar a un grupo de personas que gestionan la marca y su comunicación, para después conjugarlas. El objetivo puede ser darle una revitalización al posicionamiento actual, considerando aspectos del mercado, la industria, la competencia o algo de la marca.

Es posible también que el posicionamiento actual no sea claro para todo el equipo o tenga ciertas limitaciones (la redacción es funcional, es poco inspirador para el equipo, presenta dificultades para aplicarse a una campaña publicitaria o una gran idea, etc.).

Varias marcas se han enfrentado al reto de tener posicionamientos funcionalmente correctos pero que no inspiran al equipo que trabaja la marca ya sea porque el posicionamiento está demasiado atado a la categoría del producto o no toma en cuenta un perfil interesante y real del consumidor o se plantea como una marca más no muy diferente de las demás. Aquí el trabajo es hacer una revisión exhaustiva de la marca, consumidores, segmentos, competencia y mercado para desarrollar o «escalar» el posicionamiento actual a un nivel más profundo que conecte más con el consumidor.

Algo muy importante de los posicionamientos es: 1. Que no caduquen en corto tiempo o dependan de una innovación que pueda ser replicable en poco tiempo. 2. Que en verdad sean diferentes, claros e inspiradores para el equipo que lo trabaja. 3. Que toquen algo real y arraigado en el consumidor.

Los *workshops* proporcionan un espacio grupal para el desarrollo de posicionamientos, en el que todos tienen el mismo brief y consigna como base. En un grupo diverso pueden surgir nuevas formas de explorar el posicionamiento, o de enfocar el insight y los elementos diferenciadores de la marca.

Otra ventaja de los *workshops* es que obliga al grupo a alcanzar un nivel de refinamiento más profundo y diferenciador, ya que el posicionamiento estará expuesto frente a todos, lo que facilita notar si es una mera lista de atributos, no proviene de un vacío en el mercado, no tiene un *insight* o una alineación y congruencia interna. Si la agencia de publicidad utilizará ese posicionamiento para el desarrollo de la creatividad, el departamento de investigación y desarrollo se encargará de elaborar un nuevo producto o el gerente de marca será evaluado en cuanto a la implementación de dicho posicionamiento, todos se lo pensarán dos veces antes de quedarse con una opción conformista, «*safe*», poco diferenciadora o poco inspiradora para el equipo.

El *workshop* es un espacio en el que los egos se hacen a un lado y se trabaja con humildad, donde todos son dueños de lo generado, el mérito no es de una sola persona, se tratan sin miramientos los problemas de un posicionamiento para mejorarlos en el momento o dejarlo para más tarde. Es posible mejorar un *insight* que no concuerda con la propuesta de valor de marca, o buscar otros rtb (*reasons to believe*, evidencias para creer que la marca puede cumplir con los beneficios que promete) o hacer que el *insight*, los atributos y los beneficios tengan una relación más estrecha.

Considera las siguientes situaciones. Tu *insight* suena tan poco inspirador como los siguientes: «Siempre busco el balance entre mi vida profesional y la personal», «Después de tanto estrés y presiones necesito comer algo que me relaje y me haga sentir bien». Un rtb que en realidad sea un aspecto básico y dado por sentado al comprar una categoría de producto, por ejemplo, que una bebida energética te haga sentir animado y con energía.

Que los atributos y beneficios funcionales no conecten con un emocional, por ejemplo: «gracias a su vitamina B-12 y antioxidantes hará que te sientas bien durante todo el día». O que para el *insight* se haya utilizado una jerga propia del *marketing*: «el yogurt experto que hará que te sientas original y *cool*». Si alguna de estas cosas te suena familiar, es hora de que organices un *workshop*.

PRINCIPIO DE DESARROLLO	INFLACIÓN	BALANCE	DETERIORO
Existencia	Anárquico *Laissez-faire*	Creativo Original	Estéril Convencional
Percepción	Hipervigilante Inquisitivo	Respetuoso Perceptivo	Desalmado Insensible
Identidad	Egoísta Ensimismado	Consciente Distintivo	Anónimo Modesto
Competencia	Dominante Brutal	Contundente Genuino	Débil Impotente
Compromiso	Fanático Se deja llevar	Dedicado Involucrado	Pasivo Indeciso
Riesgo y suspensión	Imprudente Vacilante	Flexible Adaptable	Rígido Intolerante
Dialéctica que lleva a la sinergia	Ganador Asimilado Se fusiona	Optimización Mutuo Cooperativo	Autoritario Separatista Vencido
Retroalimentación ordenada y complejidad	Idealismo elevado Racionalización elaborada	Conscientemente expansivo Cultivado	Blanco/ negro Simplificado Dicotómico

El workshop es una excelente herramienta para desarrollar un abanico de posicionamientos, capitalizar un estudio y aplicarlo en su desarrollo.

Un posicionamiento debe de partir de una verdad o algo que le ocurre al consumidor en realidad para trabajarse en un *workshop* y llegar a su sustancia más importante, que es lo fundamental más allá de que una palabra o algo aún no esté terminado.

Para entender cuáles son las características de un *workshop* ideal, podemos recurrir al modelo que Karl Menninger (1982) presentó en *Maps of the Mind* para otros fines relacionados con psicopatología. Menninger habla del balance en contraposición a conductas viciadas que llegan a los extremos de inflación o deterioro. Así, deseamos un compromiso dedicado e involucrado de parte del grupo y cada integrante; en este sentido, la inflación sería el fanatismo o dejarse llevar, mientras el deterioro serían la pasividad y la indecisión. En los *workshops* queremos gente involucrada y comprometida, y no fanática o indecisa. En el siguiente cuadro podremos ver el balance del principio de desarrollo en contraposición a su inflación y deterioro.

El balance no impone una extrema rigidez, inflexibilidad, intolerancia o un ambiente de prejuicio o demasiado complaciente —en el que todas las ideas son excelentes sin que haya un filtrado—, desordenado, desestructurado o anárquico. Para que lo anterior no suceda, hay que propiciar un clima y estado de ánimo especial de respeto, libertad, no censura, pero también orden y productividad.

Posicionamiento Viable Mínimo

Partiendo del concepto del Producto Viable Mínimo (MVP por sus siglas en inglés) —término utilizado en tecnología—, para nuestros propósitos entenderemos el Posicionamiento Viable Mínimo como los componentes que debe de tener para ser probado o implementado, incluido en un *brief* para una agencia de publicidad, relaciones públicas, digital o de promociones, implementado en una marca, incluido en un plan de *marketing* o negocios.

En el mundo de la tecnología (Ries, 2006),

el MVP se refiere al producto que tiene sólo las características que le permiten lanzarlo al segmento de quienes acostumbran adoptar tecnologías de forma temprana, a fin de que puedan conectar con el producto, paguen por él y ofrezcan retroalimentación. Para los fines de este libro, el Posicionamiento Mínimo Viable es la posición que una marca pretende lograr en la mente del consumidor a través de sus componentes más básicos, es decir:

- **Segmento meta.** Se debe describir muy brevemente el segmento al que va dirigido el producto o la marca, más allá de las características demográficas. Muchas veces se incluyen las actitudes clave de cómo el *target* vive la categoría de producto. Dependiendo del caso, en ocasiones sirve aclarar el segmento —sin limitar al *target*— con una etiqueta que en dos o tres palabras proyecte lo básico del consumidor y después lo que la marca le ofrece. Por ejemplo, después de un extenso estudio de segmentación de mercado, una marca puede reconocer buscadores de valor, hedonistas conscientes, *millennials* con gran apego a la tecnología, etc. Además de lo anterior, es importante incluir el elemento clave que se conecte con lo que la marca le promete al consumidor, por ejemplo: mamás gallina que buscan que el desarrollo de sus hijos no se acelere y sigan bajo su protección, mujeres alpha competitivas y que buscan nuevos retos continuamente, deportistas aspirantes que le dan gran valor al factor moda y son poco sensibles al precio cuando se trata de ropa deportiva, deportistas de alto rendimiento que diariamente practican más de un tipo de deporte. Por otra parte, la selección del segmento meta hace una gran diferencia en la propuesta central de un posicionamiento: dos segmentos suelen implicar dos posicionamientos si los beneficios y rtb no aplican para los dos. Por ejemplo, si hablamos de un chocolate, el segmento meta de los hedonistas que constantemente buscan nuevos alimentos indulgentes es muy diferente al de los hambrientos constantes o mitigadores de hambre que buscan alimentos que les llenen el estómago y los satisfagan. La definición de cada uno de estos *targets* llevaría a una combinación de beneficios y atributos de producto distintos: uno posiblemente hablará de texturas, sensorialidad, dulzor y placer, mientras que el otro se enfocaría en tamaño grande, saciar el hambre, ingredientes que satisfacen, etc.

- **Marco de referencia.** Es el entorno competitivo en que se encuadra o se pretende situar la marca, y puede definirse dentro de una categoría de producto (pañales, jabón de tocador, automóviles subcompactos, fragancias femeninas). En ocasiones, puesto que la marca intenta competir en un rango más amplio de productos, podría incluir conceptos más abiertos como entretenimiento de alto nivel, hedonismo orgánico, etc. En nuestros tiempos se vuelto habitual que las marcas o productos verdaderamente innovadores —o que crean nuevas categorías o subcategorías — definan el marco de referencia de forma más abierta, como el iPod y música portátil o la manera en que Uber define su negocio lejos de los taxis.

- **Papel de la marca o producto.** Nos referimos a lo que el producto o la marca detona en el consumidor; por lo general se usan verbos para este fin. Por ejemplo, un ron *facilita* o *cataliza* relaciones sociales, un café *energiza*, una bebida isotónica *restablece* o *recompone* el estado corporal, un vestido *hace lucir* o *brinda* seguridad. Esta parte de los posicionamientos suele seguir al nombre de la marca o producto y es un puente entre la descripción acotada y sintética del segmento y el cuerpo del posicionamiento, que abarca la mezcla perfecta de atributos y beneficios que aportan valor a los consumidores.

- **Cuerpo del posicionamiento.** Mezcla de características y beneficios. En esta parte se resumen brevemente los beneficios clave de la marca y que son relevantes porque le aportan un valor a los consumidores, además de los atributos o características que sustentan o sirven de evidencia para dar dichos beneficios. Si hablamos de una bebida energética que tiene taurina y cafeína, los beneficios clave que ofrece son proporcionar energía y animar.

A partir de lo anterior, después de que el *workshopper* presente los conceptos, términos clave y ejemplos de posicionamientos, el grupo se divide en equipos de entre cuatro y seis participantes y cada uno desarrolla un posicionamiento de marca. Los equipos pueden trabajar sobre lo mismo y luego se busquen similitudes y diferencias para integrar un solo posicionamiento, cada equipo puede trabajar sobre una marca diferente o construir un posicionamiento distinto utilizando más de un segmento o jugando con otras combinaciones de atributos y beneficios.

La intención es que entre todos se describan opciones y formas de expresar el posicionamiento; algunos toman notas o cada uno redacta el posicionamiento antes de presentarlo, y después el equipo construye uno solo. Lo más importante es que la sustancia del posicionamiento esté presente aunque falte una mejor forma de expresar una palabra o sea repetitivo; posteriormente se puede pulir y mejorar. En cualquier caso, sería contraproducente tener un posicionamiento meticulosamente redactado pero poco sustancioso y diferenciador. Tal como hemos mencionado, también es importante que el lenguaje no sea mercadológico (conceptos como *benchmark*, experto), que no parezca un *slogan* impactante y pegajoso o que no exagere la promesa de venta. No se trata aún de que sea muy recordable, sino que sea claro y con sustancioso.

Como en todos los *workshops*, el manejo del tiempo es crucial y es igualmente perjudicial dar muy poco tiempo para escribir un buen posicionamiento que un tiempo excesivo que no fuerce al equipo a enfocarse, ser productivo y eficiente. En mi experiencia, un posicionamiento desarrollado en seis horas no necesariamente es superior en claridad, relevancia y *uniqueness* que hacerlo en dos horas: depende de cómo se trabaje.

Al final, cada equipo presenta su posicionamiento al grupo y se incorporan elementos o críticas constructivas o retroalimentación de otros equipos.

Como vemos, el paso de equipos pequeños al grupo y al revés combate la rutina, además de que forma parte del dinamismo y diversidad que se busca en los *workshops* estratégicos.

Llevar a cabo un *workshop* con todo el grupo durante varias horas podría hacerlo una experiencia menos dinámica y más aburrida; sin embargo, cuando hay menos de ocho participantes a veces no queda otra opción. En el otro polo, si sólo hay actividades en equipos pequeños sin participar el grupo completo, la retroalimentación y el intercambio de ideas podrían verse inhibidos. Así, lo óptimo es que haya idas y vueltas entre el grupo completo y equipos pequeños. Aunque no existe un número exacto de participantes en un *workshop*, trabajar con grupos menores a ocho o mayores a 25 participantes dificulta capitalizar el ejercicio.

A medida que se produzcan materiales en un *workshop* estratégico, todo debe pegarse en las paredes para tener presente lo trabajado y facilitar el desarrollo de ideas y estrategias durante el día. Éste es un material vivo que puede ser utilizado en todo momento o servir como fuente de inspiración para ejercicios posteriores, por lo que es importante que esté visible para todos.

Por otro lado, dependiendo del objetivo principal del *workshop*, es posible que los posicionamientos se voten para que el cliente iniciador tenga el punto de vista del equipo. Sus opiniones e ideas le pueden ayudar a tomar una decisión. El *workshopper* debe definir, con el equipo y el responsable del proyecto, los criterios para votar por un posicionamiento, que podrían ser la congruencia con la imagen o genoma de marca, la simplicidad y claridad, la relevancia para el *target*, la proyección que se desea lograr o la diferenciación frente a la competencia.

Al final del día es común tener borradores de posicionamiento que aún deben ser pulidos y perfeccionados. Ésta es una labor que el facilitador o consultor podría hacer como parte del trabajo posterior al *workshop* y de sus entregables.

9. UN WORKSHOP SIN ENTREGABLE ES COMO UNA PAPA SIN CATSUP

No todos los workshops incluyen un entregable por escrito, aunque es conveniente por varios motivos: 1) servir como cierre y testimonio de todo lo que se produjo en el workshop, 2) el cliente iniciador y su equipo pueden remitirse a lo desarrollado durante el workshop en su trabajo cotidiano, 3) incorpora a personal de otras áreas y de más alta jerarquía en la presentación del entregable, 4) si no se entrega algo, se diluye la responsabilidad del trabajo que sigue al workshop.

En ocasiones, el objetivo implícito de un *workshop* es captar ideas frescas para desarrollarlas después. Lo ideal es que siempre exista un proceso de pensamiento estratégico posterior al *workshop*, para después digerir la información, volver a revisar los alcances y objetivos del proyecto, y con un espacio para mejorar y acotar lo que se desarrolló en el ejercicio. Se desea que los *workshops* sean extensivos, por lo que es normal que mucha información se elimine o se utilice para otros fines una vez vista desde una perspectiva de implementación y estrategia. El entregable no debe proponer veinte posicionamientos, sino tres como máximo, perfectamente trabajados y delimitados.

Si es un workshop, ¿por qué tengo que entregar algo?

Los entregables de los *workshops* son trabajos en proceso, es decir, el documento que se entregue aún no es una estrategia terminada, un concepto o diseño de *packaging* listo para fabricación o una campaña publicitaria terminada. Es un boceto de marca. Esto no quiere decir que el entregable no sea valioso: su valor reside en ser un medio de inspiración para el desarrollo de producto, delinear la estrategia, establecer un posicionamiento.

Lo que se entrega en un *workshop* podría ser la base de un adn de marca, un posicionamiento o alternativas de posicionamientos, un nuevo producto o promoción, pero aún falta el siguiente paso: que el experto en dicha área lo perfeccione a partir de su experiencia.

Los entregables de un *workshop* no marcan un punto final; tampoco puntos suspensivos.

Sería ingenuo pensar que en un *workshop* se alcanza el *packaging* final (si es un equipo mezclado y los expertos que hacen empaques no están presentes ni han digerido el documento del *workshop* aún), un *storyboard, animatic* o comercial terminado cuando aún no se ha dado el proceso creativo, no se ha digerido el *brief* ni el informe del *workshop* —que ya puede mostrar elementos interesantes para el desarrollo de la creatividad —. Aquí se crea un puente entre estrategia y posible concepto de comunicación con ejecución final. Una promoción con el detalle de la mecánica, costo de los artículos promocionales y estímulos visuales para la misma .

Los entregables de los *workshops* son un punto medio entre objetivos, estrategias y ejecución. Los entregables de los *workshops* son fuentes de inspiración y acción ligadas a la estrategia, pero aún no son ejecuciones terminadas. Y es el mejor proceso porque ambas disciplinas implican equipos de diferentes personas con experiencias, habilidades y procesos distintos.

Las ejecuciones podrían implicar el desarrollo de materiales, empaques, *storyboards y brand books* que requieren semanas de trabajo, producción con equipos y materiales especiales, incluso contratación de terceros, y que implica un trabajo de especialistas. Por ejemplo, un director o gerente de investigación y desarrollo no podrá aceptar la idea de un nuevo sabor que provino de un workshop si no revisa fórmulas, sabores, pruebas, catas, análisis de costos y de contenidos nutricionales.

Además de lo anterior, a nivel estratégico es bueno que el iniciador del *workshop* y su equipo hagan una revisión final de viabilidad de ideas y estrategias, análisis de costos, juntas con fuerza de ventas para tener su punto de vista. Es decir, se requiere ejecutar las ideas y estrategias generadas en el *workshop*.

Entregables de workshops

Los tipos de entregables de los workshops podrían ser los siguientes:

- **Conceptos** de productos, promociones o empaques. Pueden ser entregados en láminas o en un documento de Powerpoint con antecedentes, de dónde se partió para elaborar los conceptos (un nuevo estudio de mercado, un nuevo desarrollo del área de investigación y desarrollo o una promoción en una temporada como Navidad). Es importante anexar una descripción más detallada de en qué consiste el concepto, de dónde surgió la idea, por qué llena una oportunidad en el mercado, por qué es relevante para el consumidor y por qué éste lo va a creer. Si estos conceptos se someterán a pruebas en un proyecto de investigación de mercados, es importante que exprese de forma sencilla en lenguaje del consumidor.

- **Estructura y secciones que conforman el adn, genoma o mantra de marca.** Cuando se redacta un mantra o adn de marca no se hace por sí solo, sino como una parte de un proyecto estratégico más grande —por ejemplo, el desarrollo de un reposicionamiento para una marca— que requiere un desarrollo profundo y detallado que incluye un buen diagnóstico. Se busca llegar a la parte más destilada e intangible de una marca, su adn, esencia o genoma, manifiesto de marca, qué es y qué no para delimitar su territorio y margen de acción, implicaciones y lineamientos estratégicos.

- **Ideas o borradores** de lo que se desarrolló, ya sean empaques, productos, sistemas, características, diseño y distribución del espacio de tiendas, materiales visuales, collages, referencias visuales y/o auditivas, etc.

A fin de no relegar la riqueza de un *workshop* en cuanto a tangibilización de ideas, referencias y otros, es muy importante ordenar estratégicamente el material elaborado, pero no tocar lo que se produjo, ya que se podría perder el producto que desarrolló un grupo de alto potencial y conocimiento.

En los entregables puede ser importante juntar ideas repetidas, ordenar y destilar ideas que reúnen conceptos que no cuadran entre sí (ej. una idea que en realidad son dos ideas o con diferentes niveles), establecer el potencial estratégico de las ideas (una idea que no fue la más votada podría ser la mejor tras un análisis estratégico del proyecto), hacer una valoración de uno o varios estímulos si lo solicita el cliente o si es muy valioso aportarlo dado el proyecto (al analizar potencial, inversión requerida, obstáculos, capacidad instalada actual, fortalezas y debilidades, etc.).

La importancia de estos entregables se centra en la presentación de las ideas, y vestirlas o darles vida con videos, referencias visuales o musicales, manifestaciones artísticas o culturales que la ejemplifican.

- **Inventarios de ideas.** Cuando hablamos de un inventario nos referimos a presentar las ideas tal y como surgieron, sin ningún tipo de análisis o procesamiento posterior. A lo mucho darles algún orden o estructura en base a lo que requiere el proyecto.

- **Mapeos, diagramas, modelos conceptuales** estratégicos para ver categorías, tableros competitivos, reposicionamientos de marcas. Éstos pueden ser muy diversos, desde modelos propios que se completen con lo que se desprendió del *workshop* hasta que el *workshopper* desarrolle un modelo, mapa, esquema o diagrama de flujo que permita visualizar un problema a partir de las variables de análisis del *workshop*. En ocasiones un equipo o participante dibuja un esquema que resume una idea o lo que se trataba de analizar; en estos casos es necesario registrar y conservar esa imagen.

10. EL WORKSHOPPER GUARDIÁN

Las tres funciones que no pueden faltar en un workshop: facilitador, participante de grupo e iniciador. La gran diferencia entre el moderador —utilizado para referirse al profesional que dirige una sesión de grupo— y el facilitador reside en que el segundo ayuda a que se dé un proceso. El primero implica un conocimiento y manejo de un marco teórico para implementar ejercicios de asociación, proyectivos o de facilitación de un proceso de planeación de una guía de tópicos determinada a revisar por los clientes; debe saber preguntar, abordar temas, profundizar, indagar y leer entre líneas.

Mientras en los *workshops* el facilitador es como una porrista, un orquestador o un conciliador, en los estudios cualitativos de mercado, es indispensable que el moderador guarde distancia, que no participe y maneje los temas de forma objetiva y neutral. En cierto sentido, en la facilitación de los *workshops* también, pero hay una gran diferencia: hay momentos en los que el facilitador también podría ser otro participante. Esto no implica que el facilitador pierda su función principal, sino que puede tener sentido. Como hemos dicho, el perfil del facilitador es distinto: debe tener la facilidad para sacar lo mejor de los grupos, no sólo en cuanto a razones o motivadores profundos, sino a animarlos a participar, expresar sus ideas, mantener un flujo sin que haya tantas subidas y bajadas, hacer que el grupo tenga un alto nivel de energía.

El objetivo más importante es cumplir la expectativa que tiene el solicitante del *workshop*, no el lucimiento del facilitador o la agencia que lo ejecuta.

Las siete cosas que nunca debe olvidar un buen facilitador

1. Buen manejo del tiempo. No extenderse en un ejercicio que pueda obstaculizar el cumplimiento de los objetivos del *workshop*, ni precipitarse

con uno que funciona perfectamente y da una riqueza que otros ejercicios no pudieron detonar. Debe reconocer cuando un grupo está cansado y necesita una pausa aunque no esté en la agenda, o por el contrario que el equipo esté inspirado y por lo tanto dedicar más tiempo del planeado o surja un tema de extrema importancia.

2. Buena gestión de las pausas y los descansos. Un control para que las pausas no se extiendan demasiado o corten el ambiente y productividad que había alcanzado el grupo. Que realmente sirvan como descanso para el grupo. Dependiendo del tiempo, en ocasiones es recomendable retrasarlos o adelantarlos.

3. Cuándo utilizar al grupo completo y cuándo a los equipos más pequeños. Dependiendo de la actividad a realizar y el objetivo uno decide si separa al grupo en equipos pequeños o utiliza al grupo completo. Una votación de las mejores ideas podría implicar al grupo completo, mientras que generar ideas de promociones para dos marcas podría

significar trabajar con equipos más pequeños que compiten entre sí para llegar a más y mejores ideas.

4. Saber cuándo debe incorporarse y dar retroalimentación a un equipo y cuándo dejarlos solos. Debe recordar que el valor de trabajar con equipos pequeños es tener foco, que el grupo sea manejable y labore en tareas de forma productiva en un tiempo determinado; debe promover la confianza para que participen todos. El grupo completo, por otro lado, sirve para consensuar temas y votar, presentar documentos o información relevante del proyecto, los objetivos, qué se espera del *workshop*.

5. Facilitar no es lo mismo que moderar: se busca energía del grupo, participación, captar ideas, enfoque y creatividad, eliminar factores inhibitorios y que el grupo produzca y se encamine al objetivo fijado. No se necesita profundizar, indagar en temas, interpretar comportamientos no verbales ni gestos.

6. El trabajo no termina con el *workshop*:

falta destilar, digerir, ordenar y pensar estratégicamente lo desarrollado y todos los materiales que produjo el grupo. El *workshopper* se debe de sentir tranquilo que lo producido por el *workshop* tiene la riqueza necesaria para cumplir con el objetivo aunque requiera de desarrollos posteriores. Que el *workshopper* se diga a sí mismo, tengo buen material con que trabajar después.

7. Si el responsable no está satisfecho con el resultado, el *workshop* no está siendo exitoso y es necesario hacer una pausa. Es necesario tocar base con el responsable para ver qué cambios hacer al plan del día.

Por otro lado, una gran diferencia con los moderadores es que el facilitador también podría aportar ideas o trabajar como coparticipante en algún momento del *workshop*.

Algunos de los objetivos específicos para hacer esto son los siguientes:

- Sumar ideas y estrategias al grupo por su experiencia al construir sobre ideas de otros y saber cuál es el objetivo.

- El facilitador podría tener una buena idea porque conoce el *brief*, las expectativas, el ejercicio y sabe cuándo no es indispensable que dirija al grupo.

- Es una forma de hacer que el grupo se integre y que otros integrantes se animen a participar.

- Puede hacer que el grupo entienda mejor el ejercicio. Por ejemplo, si se trata de redactar un *insight*, el facilitador puede hacerlo y dar la pauta al grupo sin limitarlo, o puede escribir un posicionamiento o clarificar cómo se utiliza una palabra de punto de partida para crear el sabor de un nuevo producto. En mi experiencia, estas intervenciones en los momentos oportunos han sido positivas y en lugar de inhibir al grupo por compararse con las ideas del facilitador, se han animado a crear más ideas.

Workshops estrátegicos en el mundo real: 25 consejos

1. Es preferible un buen facilitador participante que un excelente moderador que sabe indagar.

2. Con un buen grupo, buen facilitador, correcto establecimiento de comunidad y clima constructivo, el lugar casi no importa.

3. No se necesita alguien que escriba además del *workshopper*; anotar las ideas del grupo no implica sólo captar el lenguaje literal del grupo, sino en momentos tomar la esencia de la idea de un participante en unas pocas palabras.

4. La mayor parte de las lluvias de ideas fracasan porque no es claro por qué se están haciendo.

5. Existen muchos facilitadores de lluvias de ideas, moderadores de estudios cualitativos y antropológicos, ejecutivos de *marketing* y *planners* de agencias de publicidad con buena voluntad para hacer *workshops*, pero muy pocos facilitadores.

6. El enfoque en las técnicas utilizadas suele ser menos exitoso que el enfoque en la comunidad, la comunicación y la dinámica en el momento oportuno

7. El pensamiento vertical es tan importante como el lateral en los *workshops* estratégicos.

8. Un buen manejo de conciliación en el grupo del *workshop* puede cambiar drásticamente la eficiencia, productividad y calidad de las ideas propuestas y puede lograr que el *workshop* sea exitoso.

9. Una mayor cantidad de personas no garantiza mayor calidad de ideas o estrategias; importa más quiénes están. Una vez tuve un *workshop* con cinco personas, pero cada una valía oro, y el resultado fue excepcional. Ha habido *workshops* con veinte personas que podrían aportar más de lo mismo (claro, depende de ti que saques lo mejor de ellos).

10. Una lluvia de ideas no es lo mismo que un *workshop* porque no hay un escrutinio estratégico de quiénes asisten ni para qué, no se suele hacer con un especialista en *workshops* ni utilizan técnicas especiales.

11. Los *workshops* multiculturales no funcionan si el grupo no tiene el mismo nivel

de dominio del idioma.

12. Los invitados especialistas no garantizan que se llegará a mejores ideas.

13. Más material, fotos, collages y desarrollos a partir del *workshop* no necesariamente significan que fue más exitoso.

14. Lo más importante en un *workshop* es lo utilizable, lo que tiene potencial de desarrollo.

15. No hay una profesión o área que haya demostrado aportar mejores ideas o estrategias que otras. Alguien de finanzas puede presentar ideas más novedosas que un creativo de agencia de publicidad.

16. Más años de experiencia en una especialidad no hacen que una persona sea un participante más valioso.

17. Mayor variedad de ejercicios para atacar un problema ofrece una mayor posibilidad de encontrar soluciones exitosas.

18. No hay participantes malos, sino

facilitadores que no han encontrado la forma de obtener lo mejor de ellos.

19. El ideal de lugar, grupo, técnica y proyecto no existe.

20. Primero se evalúa el objetivo de un ejercicio y lo que se quiere obtener, y sólo después la técnica. Un ejercicio divertido, ameno y vistoso no funciona si no se ayuda a cumplir el objetivo del *workshop*.

21. La comida no sólo juega la función de alimentar, sino de ayudar a manejar los niveles de ansiedad del grupo.

22. Quién es el dueño de la idea es irrelevante: las ideas son el resultado de un proceso grupal, no de una persona. Como en el futbol, los partidos no se ganan por un jugador.

23. El papel del cliente iniciador es dar un diagnóstico de la situación, sus causas, los retos y los planes que se tienen, y no ser el líder del grupo o dirigir las ideas o estrategias.

24. El éxito no se mide en la originalidad de

una idea, sino en qué tan aplicable, utilizable y aprovechable es.

25. Un *workshop* no es la solución para todos los problemas o retos de *marketing*.

11. TIPOS DE WORKSHOPS

Hay una multitud de objetivos por los que se realiza un workshop, y están en función del ciclo de vida del producto, los retos y la situación actual de la marca, el entorno competitivo, las tendencias y la evolución del mercado, entre otras razones. Sin embargo, existen tres tipos básicos de workshops dependiendo de su dinámica, las habilidades mentales que se requieren del grupo, los objetivos y sus entregables. Existen workshops de investigación, los que tienen fines estratégicos y los que se utilizan para generar nuevas soluciones o ideas. A continuación se detallan las características de un workshop de investigación:

Workshops para investigación

Para utilizar un *workshop* como herramienta para aterrizar resultados de investigación de mercados, es indispensable saber para qué se quiere. Es válido para tener una presentación de resultados entretenida e inspiradora, pero en el libro me centro en qué hacer después con los resultados, cómo aplicarlos a iniciativas de *marketing* con el fin de que el *workshop* sirva para aplicar el conocimiento y no sólo para presentarlo de forma inspiradora. Lo primero se da cada vez más en un entorno en el que muchos gerentes ya no aguantan dos horas de presentación de resultados de una investigación. Aquí nos referimos a qué hacer con la información, qué oportunidades o salidas abre para una marca o proyecto.

Un *workshop* también ayuda al público no especializado en investigación a entender, adentrarse, aportar lo que entendieron de la investigación y cómo la entendieron, cómo transforman la información, los datos, el conocimiento o las tendencias en acciones e iniciativas para su marca.

No es un *workshop* para investigar o profundizar, sino para aplicar lo investigado.

Los pasos para desarrollar *workshops* con fines de investigación son los siguientes:

1. **Definir objetivos y expectativas.** Lo más importante es fijar desde un inicio para qué se hace el *workshop*. Algunas de las metas más comunes son generar ideas de productos, promociones o canales de distribución a partir de *insights* y estudios de mercado, crear nuevos posicionamientos para una marca tomando como base nuevos estudios de segmentación o la investigación que ha realizado la marca, revisar una síntesis de varios estudios de mercado para detectar oportunidades o conocer mejor al *target*.

2. **Analizar el tipo de investigación.** ¿De qué tipo de investigación estamos hablando? Hábitos, usos y actitudes, segmentación, imagen de marca, *tradeoffs*, *pretest*, *post-*

test o *tracking* publicitario, tendencias; metodología (cuantitativa, cualitativa, antropológica, *desk research*). ¿Cuáles son sus alcances y limitaciones, extensión, representatividad e interrelación?... Éste es un trabajo de gran importancia para seleccionar el *workshop* correcto para las expectativas y objetivos que se establezcan. Sería un fracaso si se desea escribir y desarrollar *insights* y el estudio es de índole cuantitativa donde se probó un empaque.

3. **Decidir los participantes.** Partiendo de los puntos anteriores sobre el objetivo del *workshop* y el resumen de los tipos de investigación que se presentarán, se deciden el perfil y las personas específicas que podrían aportar más al propósito del *workshop*. Nuevamente, no se trata de tener sólo expertos en inteligencia de mercados o *marketing*, sino un grupo multidisciplinario que aporte más. Por ejemplo, es probable que un creativo de agencia o de investigación y desarrollo de la empresa no tenga mucho conocimiento de investigación de mercados, pero sí mucha experiencia, capacidad para aterrizar *briefs* o hallazgos en iniciativas y un punto de vista fresco para cumplir el objetivo.

4. **¿De dónde partimos?** Uno de los diferenciales de los *workshops* estratégicos

es que el material que se desarrolla —conceptos, ideas o posicionamientos— no provenga de ocurrencias, instinto o mera inspiración, sino que parta de una base de información y conocimiento en común. Por esto se debe revisar a profundidad el documento que se presentará como punto de partida del *workshop,* el cual debe incluir lo siguiente de forma sintetizada:

a. **De dónde surge la necesidad del workshop.** Puede partir de un problema, una oportunidad, una necesidad específica o una solicitud de la dirección u otra área. Por ejemplo, un nuevo competidor o producto sustituto le está quitando mercado a una marca.

b. **Diagnóstico certero.** Si se trabajará en ideas para una marca, organización o institución, se requiere un buen diagnóstico de los puntos más relevantes: la situación actual de la marca (posicionamiento, imagen, swot), las tendencias y características del mercado en que compite o desea competir y su segmentación (una síntesis de los hábitos de uso y compra, actitudes hacia la categoría, valor del mercado, tendencias presentes y futuras), y un análisis de la competencia clave. Si existen asuntos complementarios —

como comunicación o publicidad— que fueran relevantes, se deben añadir (*reel publicitario de competidores* y *role models* de otras categorías o marcas, material promocional de los competidores, fotografías, videos de entrevistas con consumidores).

c. **Expectativas de la gerencia o dirección.** Por ejemplo, se desea producir *taglines* o nombres para un lanzamiento a un segmento desconocido para la empresa a partir de las investigaciones de su consumidor. Si una marca premium desea entrar a un segmento que desconoce —por ejemplo, la clase media— con un nuevo producto, quizá se busque ofrecer una base de información del segmento. Es de extrema importancia que no se haga una calca de documentos existentes puesto que suelen abarcar demasiada información, por lo que se requiere un trabajo previo para ordenar los puntos relevantes para el grupo y para el propósito del *workshop*.

Si se desarrollará un nuevo concepto de comunicación para una marca, no tendría mucho sentido profundizar en los hábitos y usos del consumidor o en el análisis de canales de distribución. Esta sección sólo la puede presentar quien solicitó el *workshop* o quien pueda ahondar en la problemática por la que nació la idea de hacerlo.

Esta persona podría empezar por completar la siguiente frase: «el día de hoy estamos aquí para ___________________»; y puesto que debe hacer la presentación personalmente, esta función no se puede delegar a nadie. Lo ideal es que esta persona presente algo por escrito, pero si por alguna razón no es importante, es relevante respetar el formato que decida. Por ejemplo, hay quienes parten de una pregunta, hacen una declaración oral, desarrollan un documento completo, muestran una marca, un caso, un video o productos de lo que está haciendo la competencia.

Después de esta presentación se debe escribir una frase visible para todo el grupo y clara de lo que se pretende lograr, además de la información que sea relevante para dicho fin. Por ejemplo: «El día de hoy estamos para desarrollar nuevas ideas de extensiones de línea para que la marca A crezca en el segmento de los jua (Jóvenes Urbanos en búsqueda de Adrenalina)».

    d. Protocolos y directrices. Antes de que el grupo empiece a trabajar, el facilitador debe dejar en claro la agenda del día, la duración del *workshop*, los horarios de las pausas y la comida previendo cierta flexibilidad en caso de algún cambio, además de dar una breve presentación de las dinámicas y ejercicios que se harán. Dependiendo del caso y el propósito del *workshop*, también podría presentar algunos conceptos o definiciones relevantes: qué es un *insight*, un posicionamiento, una *brand idea*, lo básico que debe de tener una promoción, etc. Si bien en muchas ocasiones los participantes conocen el lenguaje, los conceptos y las definiciones suelen ser diferentes. Una persona puede haber trabajado durante veinte años en *marketing* y no dar una definición precisa de un *insight* o puede confundir atributos con beneficios, incluso si en la práctica distingue la naturaleza de estos conceptos. Es indispensable que el grupo que participará en el *workshop* esté en sincronía con respecto a definición de términos y conceptos estratégicos.

e. Destilación, generación de insights/ aprendizajes/oportunidades de negocio/ ideas en abstracto. En esta etapa ya hablamos del día del *workshop* en sí una vez habiendo revisado el objetivo del *workshop*, habiendo familiarizado al grupo con la información e investigación de mercados, lo importante es ver que entregables y qué queremos hacer con dicho conocimiento. A partir de lo que se produce en el *workshop* y dependiendo del caso y el objetivo, se deben destilar ideas, detectar los *insights* y aprendizajes que más aportan para cumplir con el objetivo, conservar ideas y estrategias con potencial para futuros desarrollos. En un *workshop* de este tipo, el *workshopper* no puede retirarse ni darlo por terminado si no cree que tiene algo valioso.

12. PLANEACIÓN DE WORKSHOPS

La planeación de un workshop es tanto o más importante que el desarrollo del mismo. Si no es debidamente planeado, se podrían desarrollar ideas o estrategias ajenas al objetivo, no invitar a las personas con el perfil necesario para que el workshop sea exitoso. Podría ser el caso de que no se le prestara la atención necesaria al lugar y esto inhiba el desarrollo del workshop.

Antes del workshop

Es tan importante el día del *workshop* como su planeación e implica considerar los siguientes aspectos:

1. **Definir y delimitar el propósito** El éxito de los *workshops* está en función de la meta, el propósito o encomienda definida. No puede haber un *workshop* sin un propósito claro y comprensible, desafiante y ambicioso pero también alcanzable. El *workshop* no puede ser el mecanismo para cumplir metas que no se han logrado por otros mecanismos en la administración de la marca (falta de claridad estratégica de un giro importante para la marca o no saber cómo posicionar una marca y hacer un *workshop*). Pueden existir diferentes propósitos, como por ejemplo: dirigir una marca hacia un segmento debido a nueva información de mercado, mejorar un posicionamiento de marca funcional pero poco inspirador para generar nuevas ideas de campañas publicitarias, proponer ideas para lanzar otro tipo de promociones, definir un adn para que una marca tenga congruencia en cada punto de contacto en el que está presente. Si no es claro lo que se busca con el *workshop*, podría ser una pérdida de tiempo para los participantes. Es posible que se requiera un mes de juntas para determinar si se necesita un *workshop* y sus alcances, limitaciones y expectativas. Sin embargo, los objetivos deben estar delimitados para no añadir puntos innecesarios o

irrelevantes: «ya que haremos el *workshop* para el nuevo lanzamiento de la nueva marca X, ¿por qué no aprovechamos a la gente que estará reunida y exploramos ideas de un nuevo nombre para la marca B?».

Los *workshops* no se aprovechan para cumplir otros objetivos: mientras más claras sean las expectativas, el éxito será mayor. Como mencionamos anteriormente, la definición y delimitación del objetivo del *workshop* no se puede delegar, quien establezca el uso final del *workshop* debe delimitar el objetivo y sus alcances.

2. **Definir los asistentes** Éste es un punto de índole estratégica. A continuación se presentan los principales criterios que deben utilizarse para seleccionar a los participantes:

a. **Por su experiencia.** Una opción es invitar a una persona que conozca el tema —ya sea la categoría de producto o la historia de la marca— y aporte su conocimiento al *workshop*. Sin embargo, cuando el objetivo sea reinventar o reposicionar la marca o introducirla en nuevos mercados de los que no se sabe mucho, es válido ser alguien sin experiencia al respecto porque tiene una visión fresca y «no viciada» de la categoría.

b. **Por su *expertise*.** En ocasiones para

el lanzamiento de un producto es fundamental invitar a gente de investigación y desarrollo que constantemente prueba materiales y fórmulas. Para el desarrollo de un coche habrá que invitar a ingenieros de diseño; para hablar de una nueva campaña publicitaria con un nuevo concepto, a creativos, *planners* y agencias de publicidad.

c. **Por ser un digno representante del** *target*. Si una marca quiere rejuvenecer su imagen y dar un giro al *target* meta — pasar de 35- 45 a 25-35 años—, debe asegurarse de que alguno de los invitados represente a dicho segmento y su mentalidad.

d. **Por ser representante de algo totalmente diferente.** El invitado puede no tener relación con la marca o el *target* y ser un representante de un mundo externo e incluso contrario; esto puede detonar ideas de ruptura y completamente diferentes. Una marca de alimentos gourmet podría invitar a alguien que sabe de *fast food,* un *millenial* para una marca dirigida al *grey market,* un experto en modas para el diseño de un coche.

e. **Por su actitud.** Se busca una actitud

positiva y constructiva para el desarrollo del nuevo concepto. Por otra parte, es preferible que el invitado no tenga mayor o menor jerarquía que los demás participantes, o un conflicto de interés. Si se invita al proveedor principal de un cliente al *workshop*, es posible que tenga un sesgo positivo hacia toda idea que éste genere. Buscamos que no existan factores inhibitorios en los *workshops*: alguien que quiera quedar bien con otro, alguien que quiera sabotear a otra área, alguien que quiera lucirse, que acepte todas las ideas de otro por algún motivo, algún familiar.

Para que el proceso de selección de participantes sea óptimo, se debe hacer un listado inicial con el cliente iniciador del proyecto para revisar quién es, qué puesto tiene, de qué área y por qué piensa que debería de estar en el *workshop*, además de su aportación al grupo.

La agenda

Es fundamental definir y organizar las actividades que se realizarán durante el *workshop*. Éste es un ejercicio que sólo el facilitador o especialista debe hacer después de conocer el propósito del *workshop*, el contexto del proyecto, el estilo y las preocupaciones de quien solicitó el *workshop*, sus expectativas y definir a quiénes invitar.

Para elaborar la agenda del día es importante tener en cuenta tres aspectos: marcar las temáticas a tratar, desarrollar los ejercicios y tener una lista de verificación con los materiales y lo necesario para acondicionar el lugar donde se hará el *workshop*.

Para diseñar una agenda se pueden seguir los siguientes pasos:

a. **Escribir el objetivo** del *workshop*, iniciando con un verbo en infinitivo. Por ejemplo, «Desarrollar tres alternativas de posicionamiento para rejuvenecer la imagen de la marca X». A diferencia de otras, lo primero que debe tener la agenda del día es un título que sintetice las aspiraciones —«Inyectando juventud a X»— seguido por el objetivo que se persigue. En cierto sentido, el título posiciona al *workshop* y clarifica lo que se busca en pocas palabras.

b. **Hacer un listado de temas** a tratar en el *workshop* para cumplir dicho objetivo. Siguiendo con el ejemplo anterior, si lo que deseamos es producir ideas y estrategias para rejuvenecer la imagen de una marca de tradición que ha perdido contacto o capacidad para vincularse con los jóvenes, se podrían buscar técnicas que combinen los valores de la marca en cuestión (tradición, calidad, experiencia, especialización, confianza ciega) con ejercicios o formas que podrían generar ideas nuevas.

c. **Anotar el objetivo específico** y el entregable o lo que aportará, seguido por notas para el facilitador que describan su funcionamiento, lo que se le solicita a los participantes, instrucciones para los grupos —si se dividirán en equipos de seis personas— y en qué consiste el ejercicio. Por ejemplo, en un ejercicio donde se le pide al grupo que elabore un posicionamiento con los *insights* generados, además de lo que se presentó acerca de las características y nuevos beneficios que aporta la marca a los consumidores. En este caso se deben presentar las secciones que deberán trabajar los equipos, definición de las secciones y ejemplos. Si se introducen conceptos como *insight*, atributos o beneficios funcionales y emocionales, marco de referencia competitivo, competencias clave de la marca, categoría de producto, *tagline* o cierre, el *workshopper* deberá definir estos términos en el workshop: aunque varios de los participantes los conozcan, es importante homologar su significado.

La agenda se ordena por grandes temas a tratar. Cada gran temática del *workshop* –se espera que no sean tantas, entre dos y 5, sino se podría perder el foco del *workshop* y por tratar de abarcar tanto podrían no cumplirse los objetivos.

Cada uno de estos grandes temas se debiera de ramificar en una serie de ejercicios —desde uno hasta varios— para cumplir con lo que se quiere. De esta forma vamos teniendo el esqueleto de la agenda.

En los *workshops* buscamos un entorno flexible, pero también enfoque y claridad en lo que se busca. Por ello se deben evitar situaciones imprevistas, como una situación de crisis y conflicto entre los participantes, un participante que se intimida o inhibe al estar presente su jefe o alguien de mayor jerarquía, un lugar no apto para el *workshop* ya sea porque hay mucho ruido, un clima demasiado institucional, una distribución espacial poco favorable para un *workshop* o un lugar que transpira inflexibilidad (no se pueden pegar post-its en las paredes, no se pueden mover sillas o mesas, no se puede quitar la música, etc.).

Las 5Ps de los *workshops*: **Participantes,**

Proceso, Productos, Propósito, Planeación

Las 5Ps de los *workshops* son elementos fundamentales para que un proceso de *Brand Sketching* tenga éxito. Muchos de estos temas los hemos ido comentando a través del libro. Los Participantes son las personas que son seleccionadas de forma estratégica para que asistan a un *workshop*. El Proceso tiene que ver con las herramientas y técnicas que se utilizan en el *workshop* enfocadas a resolver el problema y cumplir el objetivo.

Los Productos son los entregables, es decir, los materiales y documentos que se entregan como resultado del proceso de un *workshop*. El Propósito tiene que ver con que de forma concreta y clara se plasme el objetivo principal del *workshop*, lo que se espera obtener de él. Y la Planeación es el proceso previo al *workshop* que involucra la selección de los participantes, elección de técnicas, la elaboración de la agenda del día, la selección del lugar, los tiempos, y, si así se decidió, la asignación de tareas previas al *workshop* que se encomienda a los participantes.

En un *workshop* existen tres roles fundamentales que no pueden faltar ni se pueden mezclar: el facilitador, el grupo participante con todos sus integrantes y el iniciador del proceso, es decir quien lo solicitó.

El papel del facilitador, como lo comentamos antes, es el del experto que es clave para el éxito del *workshop*. Sus funciones son:

- Entender, detectar y ayudar al cliente iniciador a enfocar el problema o la necesidad, acotarla y expresarla de forma clara. Al discurso y la forma que el iniciador utiliza para solicitar el *workshop* sigue una reinterpretación del facilitador, quien es el experto en hacer que el *workshop* sea exitoso. En ocasiones, el iniciador no sabe por qué solicita un *workshop*, cuál es la causa real, qué le está quitando el sueño y que el facilitador puede encaminar para sacarle provecho al *workshop*.

- Comunicar los requerimientos para el día del *workshop*. Acordar un lugar propicio para el *workshop* junto con el iniciador, idealmente fuera de la oficina, en un ambiente relajado, flexible y concentrado. En ocasiones existen empresas que disponen de un salón especial o tienen un centro de capacitación que utilizan para otros fines, o un socio les puede prestar una sala para hacer el *workshop*. Aunque no sea lo más recomendable, hay ocasiones en que el iniciador desea que el *workshop* se realice en una sala de juntas de la empresa, pero esto no es un impedimento si se tiene un grupo con riqueza en experiencias, antecedentes y que pueda aportar bien. Sólo es necesario acondicionar el espacio para facilitar el desarrollo del *workshop*. Este proceso de comunicación se realiza entre el facilitador y el iniciador, quien no debe delegarlo.

- Enviar las invitaciones al *workshop* y supervisar la logística del salón donde se llevará a cabo el *workshop*, el descanso, la comida y bebidas, internet si es necesario, etc.

- Preparar la agenda del día del *workshop* con detalle. El cliente iniciador la revisa para revisar las técnicas que están a cargo del facilitador, pero en particular para comprobar que el plan tenga sentido y satisfaga sus necesidades.

- El día del *workshop*, el facilitador deberá de llegar media hora antes para revisar que tiene los materiales necesarios, el salón y la distribución correcta de sillas y mesas, el sonido, el proyector y todo lo necesario.

- Garantizar que sea posible pegar hojas de rotafolio en las paredes — sin dañarlas—, así como tener movilidad y flexibilidad de mobiliario. No deben faltar dos caballetes para rotafolios para que los usen los grupos o el moderador. En muchas ocasiones sirve que para cada trabajo de equipo de cuatro a seis participantes haya una mesa o un rincón separado del grupo general y un caballete para rotafolios.

Trata de evitar:

- Mesas en formato de conferencia, en forma de L o U, que fomentan que una audiencia escuche a un presentador.

- Decorados o paredes que no permitan pegar hojas de rotafolios. La mayor parte de lo que produce el grupo se pega en las paredes con el fin de que sirva de inspiración, además de que se tome en cuenta para el desarrollo de ideas o estrategias: es la memoria viva de lo que el grupo va creando.

- Salones de hotel con música de fondo constante.

- Oficinas demasiado elegantes, minimalistas, decoradas y poco funcionales. Es preferible un galpón o bodega acondicionada que una oficina muy agradable o un hotel de moda.

- Que se alarguen discusiones fuera de los objetivos del *workshop*, sobre conflictos entre áreas, generar materiales antes de tiempo —en etapa de *insights* se generan ideas de slogans, *taglines* o activaciones de marca— o confundir conceptos al establecer las secciones de un adn de marca y desarrollar rasgos de personalidad de marca cuando se está trabajando en sus rtb o valores.

- Que el ambiente se vuelva demasiado caótico. Es importante que los participantes sientan libertad, confianza y vínculo con el grupo, pero que deben trabajar para cumplir con una meta en el día con límites de tiempo.

- Que la gente de servicio, sonido o video (si es que el iniciador lo quiere) no entorpezca el proceso del *workshop*. Si es necesario, el facilitador debe hablar con ellos y establecer límites, horarios, etc.

- Si hay un camarógrafo, que inhiba al grupo. Casi nunca se hace un registro de audio o video porque lo que se produce es por escrito. Por otra parte, el camarógrafo puede inhibir el proceso grupal. Además, no existe un análisis posterior de comunicación gestual, como en los estudios cualitativos de mercado. Estos registros no forman parte del entregable de los *workshops* pues lo que interesa es lo que produce el grupo, no lo que dijo una persona.

Trata de pensar:

- En lugares que se adapten a lo que se va a trabajar en el *workshop*. Si el aspecto musical será relevante, puede ser en un bar o lugar de conciertos que inspire eso; si se trata de algo de nivel bajo, puede ser en una vecindad; si el *target* son *millennials*, podría pensarse en un *loft*, cine o cerca de un centro de recreación. Es decir, la temática o localización del salón puede facilitar aún más el proceso.

- Tocar base con el iniciador para saber si todo va bien y se están satisfaciendo las expectativas, además de revisar el tiempo de los ejercicios, los objetivos, la participación de todos, si existe un espíritu constructivo y si las ideas, estrategias y materiales desarrollados tienen potencial. Si no es el caso, es necesario dar nuevas instrucciones o utilizar otra técnica para tratar de tener mayor diversidad de ideas o novedad. La función del facilitador es dar virajes cuando vea que es necesario y discutirlo con el iniciador.

- Anotar las ideas, intuiciones, conclusiones, inquietudes o estrategias que pudieran tener un efecto en el entregable final. Puede ser que, a nivel estratégico, el facilitador considere que uno de los posicionamientos desarrollados funciona muy bien o responda a las necesidades del *brief* y del iniciador.

- Si surge una necesidad o el desarrollo ha sido más lento de lo planeado —y vale la pena por lo que ha salido hasta el momento—, es necesario preguntar al iniciador y al grupo si están dispuestos a salir un poco más tarde o hacer que la comida se convierta en *working lunch*. En este último caso, es posible reprogramar la agenda para avanzar en una presentación o lluvia de ideas.

13. WORKSHOPS ATORADOS Y CÓMO HACERLOS AVANZAR

Hay ocasiones en que se puede sentir que un workshop no avanza, que no tiene rumbo o no se está llegando a lo que se pretendía en un inicio. Este es un hecho normal porque cuando se trabaja en workshops, el proceso no es algo 100% cerrado y hay veces que aparecen nuevos elementos el día del workshop que hay que tomar en cuenta.

Por ejemplo, alguien puede tener una percepción del diagnóstico distinta que haga retroceder los temas que se tenían estipulados. A veces un participante puede aprovechar cada momento para sabotear la productividad del grupo y es importante saber cómo manejarlos.

Facilitar workshops es saber cómo lidiar con lo imprevisible, lo desconocido, lo sorpresivo. Existen algunas claves que se podrían utilizar para lo anterior:

1. Si el caso no es extremo, hacer notar la intención constructiva y positiva del *workshop* sin herir susceptibilidades.

2. Si se comunica un tema externo al que se está tratando en el *workshop*, reiterar el objetivo del *workshop*.

3. Si existe una rivalidad sin solución entre áreas, separar a los grupos para los ejercicios estipulados.

4. Si es un caso extremo, tomar un descanso y hablar directamente con la persona en conflicto para hacerle saber cómo funcionan los *workshops*, en lo que repercute su posición o actitud, y el objetivo que se persigue.

5. Hacer un ejercicio en el que se trate de integrar al grupo, ser positivos y

constructivos y que se sientan en el mismo barco.

Las principales razones para que «se atore» un grupo suelen ser las siguientes:

1. Un ejercicio se extiende porque no se ponen límites. Es importante que exista un entorno de libertad, pero también que se maneje adecuadamente el tiempo, objetivos, participación de todos, etc.

2. Existe un conflicto de intereses en algunas personas del grupo o se forman bandos.

3. La discusión se desvía de los temas relevantes a tratar.

4. Una técnica prevista para utilizarse en el *workshop* no está funcionando.

5. Terapia de *workshop*. Existe cansancio y el grupo aprovecha para discutir, compartir opiniones en vez de centrarse en cumplir el objetivo del *workshop*. El ejercicio utilizado les implica trabajar individualmente o un nivel de concentración para la tarea que ya no tienen.

6. El objetivo planteado para el *workshop*

requiere una decisión de alta jerarquía, o el grupo está frustrado porque las decisiones cruciales ya están tomadas.

Cómo desatorarlos

1. Cambia de técnica. Ninguna técnica funciona igual todas las veces, con el mismo grupo ni en el mismo tiempo. El tiempo particular para aplicar una técnica es muy relevante: la efectividad no es la misma cuando comienza el *workshop* y el grupo está fresco y con ánimos que cuando el grupo ha trabajado durante más de cinco horas, está cansado o se presentó un conflicto que afectó el estado de ánimo del grupo.

2. Cambia el orden. Cuando se prevén varios días de sesiones, es positivo cambiar o adelantar temáticas, o hacer un cierre y seguir al otro día. Es importante que no queden temas abiertos y tener un buen manejo de los cierres (crucial para el buen manejo de los *workshops*).

3. Hacer una pausa y hablar con las partes en conflicto.

4. Hacer una recapitulación del día y regresar al objetivo del *workshop* y la importancia de seguir adelante.

5. Recordar que es más importante irse con ideas y materiales que aún requieren trabajo que una redacción perfecta, pero posibilidades de implementación limitadas.

6. Cambiar de lugar físico.

7. Adelantar un descanso o comida para cambiar la dinámica y los ánimos del grupo.

Retroceder para avanzar

Hay veces en que se llega a un punto en donde ya no se avanza o no se están contemplando todos los materiales que el grupo elaboró, y es necesario revisar lo que se ha producido hasta el momento. El facilitador debe refrescar o leer al grupo lo que se ha creado, o sugerir a los participantes que revisen lo que el grupo ha producido durante el día. Es como una pausa para reflexionar, revisar, releer y tener una vista panorámica del tema. Es fundamental que el objetivo o propósito sea visible durante todo el día y regresar a él para ver si se está cumpliendo.

En ocasiones es mejor no cumplir con todos los temas estipulados, sino tener la certeza de que lo que se obtuvo en el *workshop* es lo que el cliente iniciador estaba buscando. No tiene sentido agotar los temas si el grupo o el iniciador se sentirán insatisfechos por no haberle dedicado el tiempo suficiente a un tema que les parezca crucial.

> La vara con la que se mide el éxito de un *workshop* es si obtuvo algo valioso con lo que se puede trabajar posteriormente.

Los *workshops* son una cuestión de equilibrio

Llevar a cabo un *workshop* es una labor que exige balance entre aspectos que podrían no ayudar al proceso de exploración si no son debidamente manejados. Un facilitador debe tener en cuenta los excesos y los extremos que pueden perjudicar el cumplimiento de objetivos de los *workshops*:

Volumen de ideas adecuado vs divagación

Productividad vs más de lo mismo

Orden vs caos

Facilitar vs dirigir

Facilitar vs moderar

Facilitar vs participar

Neutralidad vs no implicación

Flexibilidad vs orden exagerado

Ambiente informal vs juego

Registrar ideas vs ser secretaria

Informalidad positiva vs falta de estructura

El lugar ideal vs hacer del lugar lo más importante

Buen uso de técnicas vs exceso de técnicas

Romper el hielo vs ejercicios destinados sólo a romper el hielo

Diversidad de perfiles vs diversidad extrema sin sentido

Participación natural vs participar en todo momento

Democracia vs no aceptar la contribución de cada participante

Votar vs liderazgo sin rumbo

Integración vs espaldarazo incondicional

Manejo natural de conflictos vs ambiente conflictivo

Agenda vs *workshop* con compartimientos sin fin

Borradores vs material terminado

Perfeccionamiento vs atorarse en el camino

Lo más aburrido de los *workshops* es cuando una persona agarra el micrófono y no lo suelta. Lo que menos funciona en un *workshop* es seguir los temas de forma ortodoxa o regirse por una estructura y enfoque demasiado acotados —propio de algunos gerentes— que no permita un ambiente para llegar a otros territorios.

Es común que, al inicio, todos adopten el rol al que están acostumbrados, pero se debe migrar a integrarse a un grupo que inspire, aporte, produzca, participe, ayude.

Para que un *workshop* sea exitoso, es necesario partir de un buen diagnóstico. Esto no necesariamente es lo mismo que los síntomas de una situación que presenta una marca o una empresa. Por ejemplo, el hecho de que el posicionamiento de una marca no sea claro para los consumidores, cuando en realidad el problema sea que los materiales pop del canal no tienen una buena posición en el punto de venta; es decir, que se trate de un problema menor y no el que se creía.

Es relevante distinguir los síntomas de la situación, las causas y lo que se debe hacer. Una marca puede tener síntomas de una menor participación de mercado, ha bajado volumen, y su salud de marca es peor que hace tres años, pero la causa podría ser la entrada de un competidor más innovador, el abandono de la marca por parte de la gerencia o el lanzamiento de otra marca de la misma empresa que provocó una canibalización.

Generalmente, las causas son múltiples y no son atribuibles a una sola razón en *marketing*, por lo que se debe tomar en cuenta la complejidad de la situación para entenderla. Es muy común que se confundan causas y síntomas, por lo que es clave saber distinguirlas.

Teoría X y teoría Y

El psicólogo social Douglas McGregor (2006) ofreció dos modelos contrastantes para pensar en la motivación y administración de los recursos humanos: la teoría X y la teoría Y. Estos modelos nos ayudan a clarificar cuál debe ser la mentalidad del *workshopper*.

Siguiendo el postulado de McGregor, en la teoría X se asume que las personas que participarán son flojas, los motiva el hotel donde se hará el *workshop* o la comida, son irresponsables, no tienen iniciativa y hay que llevarlos de la mano en todo momento. En estos casos podría parecer que es necesario dirigir al grupo y ser un tanto autoritarios, pues las personas no desean tomar responsabilidades, necesitan reforzamiento positivo o negativo dependiendo el caso y hacer caso a lo que diga el jefe.

Sin embargo, la aproximación podría afectar enormemente el desempeño del grupo y acarrear elementos que inhiban la libre generación de ideas y estrategias. Si el facilitador trata de esta manera al grupo, es posible que se sienta así. La percepción que como workshoppers tengamos del grupo también puede tener una influencia en el resultado que se obtenga del *workshop*.

Contrario a lo anterior —bajo las premisas de la teoría Y—, un *workshopper* debe tener la convicción de que las personas son responsables, están motivadas por las metas que se les ponen, no necesitan mucha dirección, les gusta trabajar y es natural en sus vidas, les gusta afrontar los problemas de forma creativa. Esto evita que el *workshop* funcione como una escuelita o instituto en el que el *workshopper* dirija a un grupo que no podría resolver nada por sí mismo. Es por lo anterior que como *workshoppers* debemos promover la mentalidad de que todos los grupos se comportan conforme a la teoría Y, es decir, que a la gente le gusta participar, dar ideas y sentirse motivados. Es nuestra labor crear las condiciones para que esto ocurra.

Retroalimentación positiva

En los *workshops* es de suma importancia propiciar un clima y una experiencia positiva. Por ello se deben buscar formas de reforzar positivamente a nivel individual y colectivo, tanto a quien presenta ideas al grupo como a los equipos. Esto fomenta la crítica constructiva para construir sobre las ideas de otros, y a que los participantes más tímidos intervengan más.

Una vez terminado el *workshop*, es importante obtener la retroalimentación del grupo sobre cómo fue su experiencia, qué se llevan, qué conservarían y qué cambiarían para la próxima vez.

Hay momentos en los que resulta necesario dar algunos elementos de redirección o retroalimentación al grupo, como por ejemplo que no se juzguen o inhiban al presentar ideas, que intenten escribir lo que están presentando de forma oral: en ocasiones lo escrito está muy por detrás de la presentación que da el equipo y es bueno darles retroalimentación para que escriban más o añadan las cosas que dijeron al presentar.

En la retroalimentación hay que excluir comentarios ofensivos, críticos, agresivos, discriminatorios y juicios de valor. Lo anterior no quiere decir que no haya límites y que en el *workshop* reine el caos. El facilitador y el grupo deben recordar en todo momento el objetivo, y lo que nos acerca a cumplirlo y lo que nos aleja. La retroalimentación demuestra que el *workshopper* está involucrado y que no está distante o sólo para cumplir con un trabajo.

En ocasiones es evidente que hay conflictos puntuales entre personas específicas; es mejor atender esto por separado y llamar concretamente a estas personas para platicar. Incluso se podría tomar un descanso para que el grupo no se distraiga o lo perciba como algo grave, o intervenir durante el trabajo por equipos. Es mejor que sea sobre algo específico y no busque generalizaciones.

Existen diversos ejercicios que se encaminan a lidiar con lo anterior. El ejercicio «Etiquetando» sirve para quitar posibles juicios de valor en el grupo, así como la «Fiesta de los estereotipos». «*Mind Tools*» es una empresa que plantea una gran diversidad de ejercicios y herramientas relacionadas con el manejo de liderazgo y grupos.

«Etiquetando» es uno de sus ejercicios propuestos y se puede aplicar a grupos grandes o medianos en el que a cada participante se le pega en la espalda una etiqueta con una personalidad, por lo que todos pueden ver las etiquetas de los demás salvo la propia; después se les pide que hagan preguntas basadas en estereotipos al resto del grupo para adivinar su propia etiqueta: ¿soy un deportista?, ¿soy artista?, ¿trabajo con las manos? Algunas etiquetas que se pueden incluir son mecánico automotriz, estrella de cine, medallista olímpico, político, trabajador de una cadena de comida rápida, cartero, chef, profesor, etc. Justamente esta técnica sirve para atenuar los estereotipos interiorizados en el grupo y que pudieran afectar al *workshop*.

Otro ejercicio posible es «Perdidos en el océano»: los participantes deben de ponerse de acuerdo sobre los artículos más importantes para sobrevivir. En un bote salvavidas hay una caja de cerillos, linterna, red contra mosquitos, lata de petróleo, botella de agua, espejo para afeitarse, mapa, asiento, cuerda, barras de chocolate, cobija contra agua, repelente de tiburones, botella de ron, radio de onda corta, etc. El ejercicio primero es individual y luego trabajan en grupo para después presentar el listado correcto de la Guardia Costera de Estados Unidos (Mind Tools, 2006).

14. LAS HERRAMIENTAS DEL WORKSHOPPER

No existe en sí una sola técnica o receta que sirva para todos los *workshops* o para solucionar el desafío que se impone un grupo.

La selección de los ejercicios es estratégica para cumplir los objetivos marcados de un workshop. Como sabemos desde hace décadas, el solo hecho de tener un grupo con gente de diferentes perfiles, un lugar y un objetivo no garantiza que obtengamos buenas ideas y estrategias si no tenemos herramientas que estimulen el pensamiento de alguna forma.

La finalidad de los ejercicios puede ser romper con el pensamiento automático del grupo, darle al proyecto un alcance mayor, que el grupo decida o ayude a decidir con criterios estratégicos, proponer ideas novedosas. Lo anterior es una labor mucho más difícil si se le pide al grupo que proponga ideas sobre algo, pues normalmente no son muy distintas de lo que se ha hecho.

Imaginemos por un momento que una marca de lácteos quiere lanzar una extensión de línea por medio de un yogurt griego, para lo que realiza una lluvia de ideas para diseñar un empaque. Si lanza el reto al grupo directamente, es muy probable que las ideas sean muy parecidas a lo que las marcas actuales de yogurt griego estén haciendo. Esto no se debe a que el grupo sea malo, sino que el mundo asociativo que tienen con el yogurt griego los llevaría a territorios conocidos y desarrollados por otras marcas (pensarían en tonos de blanco, azul o tenues, en bacilos y consistencia cremosa, denso, nutritivo).

Si la marca desea llegar a un empaque en verdad innovador, es probable que no lo logre si no se utilizan técnicas que nos ayuden a romper con el mundo asociativo establecido. Por ello, los *workshops* deben de ir acompañados de herramientas y técnicas que funcionen para el mejor desarrollo de los temas presentados.

El *workshopper* debe hacer la selección de ejercicios y técnicas para un *workshop* con detenimiento y análisis. No es algo para tomarse a la ligera. Por lo demás, no se busca la interpretación profunda o un buen análisis de lo no verbal, sino que deben salir ideas y estrategias explícitas que no requieran una interpretación posterior.

A lo sumo, será necesario un ordenamiento, redondear estrategias, juntar ideas relacionadas, etc. Si la materia prima no es buena, es muy difícil que salga una idea o estrategia ganadora de una técnica pobre. Sin embargo, como en muchas técnicas, la mitad del éxito se relaciona con el ejercicio y la otra con la persona que la aplica, su perspicacia, experiencia, sensibilidad, sentido práctico y manejo de un grupo.

En resumen, la selección correcta de las técnicas o herramientas del *workshopper* está en función de tres aspectos:

Objetivo del *workshop*. No es lo mismo proponer muchas ideas para lanzar una promoción de marca que desarrollar tres posicionamientos posibles para la misma marca a partir de un estudio de segmentación de mercados recientemente contratado.

Condiciones establecidas. Contar con ocho horas

para llevar a cabo un *workshop* permite actividades distintas a tener sólo horas por restricciones ajenas al grupo. Un caso similar es contar con un salón en un hotel en comparación con hacer el *workshop* en una sala de *focus groups*. El tiempo es oro en el mundo de los *workshops*, y las características del espacio son relevantes también.

El perfil de los participantes. Los resultados serán distintos si el grupo se compone de personas de una misma área para ver algo específico o si se desarrolla un proyecto para una transnacional que puede invitar a una gran diversidad de gente con perfiles diversos y complementarios.

El material. Debe de estar en función de lo anterior, por lo que será diverso, pero siempre es necesario registrar lo generado y tenerlo visible. A diferencia de los estudios cualitativos de mercado, los *workshops* rara vez se graban audio o video ya que no existe un análisis posterior de lo verbalizado, la expresión no verbal, los rituales o comportamientos de los participantes.

Existe una gran cantidad de herramientas que se pueden utilizar para diversos fines, además de las que uno mismo puede desarrollar y aplicar. En el presente libro no se pretende exponer de forma exhaustiva estas herramientas, aunque se puede consultar la bibliografía relevante, con la advertencia de que los *workshops* estratégicos son poco discutidos. Estas dinámicas no están tan estandarizadas como las técnicas para la generación de ideas, estimulación del pensamiento lateral o solución de problemas.

Antes de revisar algunas herramientas que se pueden utilizar en los *workshops*, en particular para el desarrollo de técnicas propias, se debe tener en cuenta lo siguiente:

1. Deben potenciar la interacción, participación, colaboración y entusiasmo del grupo.

2. Deben propiciar un cambio de mentalidad aunque sea momentáneo, suponer un reto de pensamiento, pasar de un estado mental a otro.

3. Dejar muy en claro qué se espera como resultado.

4. No deben crear una competencia insana entre los participantes.

5. No se debe suponer que hay soluciones o respuestas correctas o incorrectas.

6. Se deben incluir actividades que estimulen

el dinamismo y la emoción.

7. Más no es necesariamente mejor: una idea mejor dibujada o un bonito boceto de algo no representa una mejor idea o escribir mejor no significa que la idea es superior. Lo que se busca son conceptos e ideas. Existen grandes ideas pobremente plasmadas que luego se pueden mejorar.

8. Que fomenten una práctica de discusión, intercambio y construcción de ideas de otros y plasmarlas en un escrito conciso y descriptivo.

9. Tienen que hacer uso del pensamiento abstracto, metafórico o utilizar la síntesis, la transferencia de lo abstracto a lo concreto, etc. Como mencionamos anteriormente, significa un cambio en los procesos mentales del momento.

A continuación se presentan algunas de las herramientas más conocidas; hay expertos que las consideran necesarias para generar u enfocar, idea que concuerda con lo que hemos mencionado acerca de la diferencia entre *workshops* creativos y los estratégicos.

Más que hacer un inventario completo, sólo presentaremos algunas herramientas para dar una idea de su funcionamiento, pues su elección depende de estilos y preferencias.

Herramientas para generar:

Lluvias de ideas *(brainstorming).* Se utiliza para generar la mayor cantidad posible de ideas sobre un tema o abrirlo y tener una visión más amplia del mismo. Muchas veces se hace de forma no estructurada: simplemente una persona da la instrucción de aportar ideas sobre determinado tema. La lluvia de ideas puede tener variantes como el *reverse brainstorming, round-robin brainstorming*, el Método de la Carreta, etc. (Mind Tools, 2006).

Brainwriting. Es un ejercicio en dos partes en el que la

primera se utiliza para que el grupo desarrolle un mundo asociativo exhaustivo de dos o tres conceptos clave sobre lo que se quiere trabajar. Por ejemplo, una marca desea lanzar un nuevo vehículo dirigido al segmento de mujeres progresistas. Al hacer un análisis exhaustivo del segmento, se decide que dos palabras son clave para describir al segmento: ambición y femenino.

En la primera fase del ejercicio se anotan estas dos palabras por separado y se desarrolla en grupo el mundo asociativo hasta los elementos menos relacionados con dichas palabras. En la segunda parte del ejercicio se toman las palabras con menor relación directa y literal con los elementos (vehículo dirigido a mujeres y el segmento) y se le proporciona un concepto a cada persona. Este concepto funge como punto de partida para aterrizarlo en el objetivo de desarrollar una nueva acepción de vehículo.

Como vemos, la primera parte del ejercicio sirve para desmenuzar el mundo asociativo relacionado con el proyecto y el segmento, y la segunda parte se aterriza al objetivo del *workshop*. El ejercicio puede tener variantes, pero la base es la mencionada.

Forzar el ajuste *force-fitting.* Se usan objetos, palabras o imágenes —que en primera instancia parecen desconectadas para una tarea o problema — para crear nuevas posibilidades o conexiones. Por ejemplo, si una marca premium quiere lanzar un producto al segmento de la base de la pirámide y ha comprobado que las ideas son siempre las mismas, utiliza objetos que parezcan ajenos al segmento (como un auto de lujo) o se les solicita a los participantes que escojan una joya de un conjunto y a partir de ahí generen ideas.

Lista de atributos. Se parte de una lista de atributos, características o funcionalidades de producto o servicio, una tarea, reto o marca como trampolín para aportar nuevas direcciones o mejoras al presentar nuevos atributos o combinar atributos sin relación aparente. Se podría hacer un listado de atributos y beneficios que proporciona un chocolate: energía, 70% cacao, contiene antioxidantes, contiene leche, indulgencia, amargor, distintas consistencias (dura, suave, cremosa), diferentes tipos de leche; el grupo puede presentar nuevas combinaciones para desarrollar una marca de chocolate. Por ejemplo, un chocolate con leche de soya duro por dentro y cremoso por fuera con 35% de cacao puro. (Una herramienta muy utilizada y citada por varios autores, por ejemplo, en el libro *Thinkertoys* de Michael Michalko [2006] le llaman *Slice and dice* (divide y corta).

Checklist scamper. La lista fue propuesta por Alex Osborn (Mind Tools, 2006), quien desarrollara el concepto de la lluvia de ideas; ha sido probada como una herramienta valiosa para nuevas ideas o estrategias. Si ya se tienen ideas generadas, scamper puede ayudar a evaluarlas según una serie de criterios, cambiarlas y desarrollarlas. El significado de estas siglas es el siguiente:

S. Sustituir algo.

C. Combinarlo con algo más.

A. Adaptar algo.

M. Modificar o magnificar algo.

P. Ponerle o darle otro uso.

E. Eliminar algo.

R. Reversa o volver a arreglar, dar marcha atrás o hacer lo contrario.

Ejemplos de lo anterior que sirvieron para llegar a ideas novedosas lo componen por ejemplo:

- **La Sustitución** de algunos bancos que nacieron totalmente en línea, es decir, sustituyeron la experiencia de la banca en sucursal a banca en línea.

- **La Combinación** que hizo *Cirque du Soleil* para inventar un nuevo modo de entretenimiento y de modelo de negocio al combinar partes del arte circense con lo que caracteriza a los espectáculos culturales y artísticos: ópera, ballet, escenografías teatrales, etc.

- **La Adaptación** de una cámara fotográfica a un teléfono inteligente, o de la base de la cámara instantánea Polaroid a la aplicación, red social y plataforma Instagram.

- **La Modificación** de rentar películas en un lugar a hacerlo en línea, tal como lo hizo Netflix.

- **La Utilización** de códigos en *smartphones* para entrar al cine (ej. código bidimensional de Cinépolis).

- **Eliminación**. Las aerolíneas que han eliminado el proceso de *check-in* en mostrador y utilizan máquinas automatizadas para el viajero. Lo mismo en los cines, o para viajar que millones de usuarios ya no utilizan agencias de viaje sino plataformas en internet como Expedia o Despegar.com

Muchas innovaciones han dado marcha atrás a supuestos de algunos servicios y negocios, tales como vuelos de bajo costo (ej. Ryan Air o Easy Jet, en México nunca se implementó igual), han utilizado este tipo de herramientas y recursos.

Matriz morfológica (Mind Tools, 2006). Esta herramienta analítica identifica los parámetros clave de una tarea para generar posibilidades para cada parámetro y después investigar combinaciones posibles (al mezclar, ajustar y emparejar). Las combinaciones se hacen a partir de una matriz de atributos y parámetros clave para que una marca se desempeñe en una categoría de productos. Por ejemplo empezar por hacer una matriz con los atributos que un consumidor meta busca en un *shampoo*, y a partir de la matriz hacer combinaciones de atributos nuevas.

Reventar estrellas *starbursting.* (Mind Tools, 2006). Esta técnica es un tipo de lluvia de ideas que se enfoca en plantear preguntas. Puede haber múltiples niveles de cuestionamiento sobre las respuestas al inicio de las preguntas. Parte de la base de que hacer preguntas es una forma de entender la idea y desafiarla para hacerla más fuerte. Si habláramos de una marca de pan casero gourmet de variedad de granos, nos preguntaríamos quién lo va a comprar, por qué, cómo lo usarían, para qué, etc.

Lluvia de ideas en reversa *reverse brainstorming.* (Mind Tools, 2006). Esta técnica se utiliza para la solución de problemas de forma creativa y combina (como menciona la empresa *Mind Tools*) técnicas de lluvia de ideas con hacer lo contrario. Esto obliga a que haya ideas creativas. Para hacer este ejercicio se comienza con dos preguntas opuestas. En lugar de preguntar «¿cómo resuelvo o prevengo este problema?», se pregunta «¿cómo podría causar el problema?» En vez de preguntar «¿cómo lograría estos resultados?, pregunta «¿cómo podría lograr el resultado contrario?»

El ejercicio consiste en identificar el problema o el desafío y luego hacer preguntas para invertir el problema o trabajar en ideas para lograr lo contrario. La lluvia de ideas busca generar soluciones una vez que se ha revertido el problema, sin rechazar ningún tipo de idea. Después de recopilar una gran cantidad de propuestas, se vuelve a revertir el problema para trabajar soluciones con atención al problema original y se evalúa el potencial de las soluciones.

Cara falsa. Es una variante del anterior que se presenta en *Thinker-toys* de Michael Michalko (2011), un clásico en el mundo de la generación de ideas. Se trata de ver el reverso del problema o reto que se tratará en el *workshop*. El ejercicio busca revertir lo que asumimos normalmente de cierto problema, aunque sea muy básico. Por ejemplo: se asume que el brandy ya no está de moda, que es de personas de mayor edad, o que para hablar de vino hay que ser un conocedor y hablar de forma sofisticada. El proceso implica establecer el reto que se va a trabajar, hacer un listado, retar las suposiciones fundamentales y escribir exactamente lo contrario del supuesto, registrar los puntos de vista diferentes que sean útiles, generar ideas sobre cómo atacar a cada contrario.

Falso o verdadero (*Encyclopedia of Creativity,* 2011). También se incluye *Tinkertoys*. Este ejercicio hace uso de las paradojas como fuente de inspiración. Se buscan dos elementos contradictorios al convertir un problema en una paradoja (pensar que existe el problema y lo contrario al mismo tiempo), capturar la esencia del problema y que se disparen nuevos *insights*.

Herramientas de tareas previas

Para que el grupo se acostumbre a pensar de otra manera y se abran posibilidades a cualquier tipo de idea, se definen tareas previas al *workshop* relacionadas con el reto establecido para el proyecto.

Las tres B (Runko, 2011). Este ejercicio trata de propiciar un proceso de incubación para incrementar su volumen y originalidad. La base es que las mejores ideas surgen en un ambiente u ocasión sin relación con el reto del *workshop*. Las tres B significan *bus, bed* o *bath* («autobús, cama o baño»). Se trata de pensar en el reto y recolectar información relevante, trabajar mentalmente en el problema y pensar en una solución: incubar y pensar en el problema. A partir de ahí se pueden desprender *insights*, ideas o elementos útiles. Existen muchas otras técnicas similares, como la Provocación de De Bono.

Lluvia de ideas todos vs todos *round-robin brainstorming.* (Mind Tools, 2016). Esta técnica nació con el objetivo de evitar que un grupo de personas monopolice un *workshop*. Funciona de la siguiente manera: los participantes se sientan alrededor de una mesa con una tarjeta en la que se muestra un índice para registrar sus ideas de forma individual.

El facilitador explica el reto sobre el que se va a trabajar, contesta algunas preguntas y limita los comentarios o discusión pues el inicio es un ejercicio individual. El objetivo es que cada participante piense en ideas o soluciones por cuenta propia. Cada participante escribe todas las ideas que se les ocurran y después se intercambian las tarjetas. A partir de las notas de la nueva tarjeta, cada participante propone otras ideas y las escribe en la tarjeta. El ejercicio continúa hasta que todos los participantes escriban en todas las tarjetas. Las ideas se evalúan de acuerdo al propósito del ejercicio y el *workshop*.

Matriz para reenmarcar. Para atacar ciertos problemas es enriquecedor hacerlo desde diferentes perspectivas; esta técnica puede ser útil porque obliga al equipo a pensar con distintas perspectivas. Primero se dibuja una matriz de cuatro cuadrados y se deja un espacio al centro para definir el problema o desafío a trabajar. Los cuadros involucran las perspectivas sobre las que se trabajará en grupo. Estas perspectivas podrían ser las que se presentan en *Mind Tools* (2016):

a. **Perspectiva del producto:** ¿hay algún problema con el producto?, ¿tiene un precio adecuado?, ¿es confiable?, ¿sirve bien al mercado?

b. **Perspectiva de planeación:** ¿están bien nuestros planes de negocio, de marketing y estrategias?, ¿podemos mejorarlos?

c. **Perspectiva del potencial:** ¿cómo incrementamos ventas?, ¿qué pasaría con este problema si tuviéramos que aumentar significativamente nuestras metas de producción?

d. **Perspectiva de la gente:** ¿cuáles son las implicaciones e impacto de la gente en el problema?, ¿qué piensa la gente involucrada en el problema? ¿por qué los consumidores no están comprando el producto?

Estas cuatro perspectivas están estrechamente relacionadas con la resolución de problemas de las empresas; sin embargo, en el terreno del *marketing* es posible sumar muchas perspectivas. Por ejemplo, para una nueva campaña publicitaria podríamos pensar en la perspectiva de la agencia de publicidad, de *marketing*, del segmento de los *early adopters*, de los franquiciatarios o distribuidores, de los accionistas, de los consumidores cautivos actuales y de los que no consumen medios masivos.

Herramientas para enfocar

Hits y hot spots. Se seleccionan posibilidades prometedoras (al identificar *hits*) y se agrupan para formar categorías, se organizan o comprimen de formas significativas (para encontrar *hot spots*). Se pueden utilizar este ejercicio para enfocarse y trabajar posteriormente con menos ideas. Hablamos ideas que podrían ser *hits*.

ALUO *Advantages, Limitations, Unique qualities, Overcome limitations* o Ventajas, Limitaciones, Cualidades únicas y Superar limitaciones. Se suele utilizar para refinar y desarrollar alternativas a partir de una aproximación deliberada y constructiva para fortalecer y mejorar opciones. Se consideran ventajas, limitaciones (y formas de superarlas) y características únicas.

En esta herramienta primero se enumeran las ventajas y fortalezas de una opción y se estimula a un involucramiento activo al analizar la opción y ayuda a evitar la respuesta reflexiva «no» hacia algo novedoso. Para identificar las fortalezas de una opción hay que aceptarla por el momento. Se debe tener cuidado con beneficios triviales y debilidades disfrazadas (fortalezas que en realidad son debilidades) para garantizar que las fortalezas sean genuinas. Después se identifican las limitaciones o áreas de mejora de la opción trabajada y se redactan como afirmaciones. Luego se enumeran las cualidades únicas de la opción y su diferenciación para responder a la pregunta «¿qué tiene esta opción que ninguna otra tiene?» Esto ayuda a conservar el carácter novedoso y original de la opción. No se necesita que sean muchas características. Al final se desarrollan caminos y formas de superar las limitaciones que antes se mencionaron con el fin de fortalecer la idea.

PCA *Paired Comparison Analysis* o Análisis Comparativo Pareado (Mind Tools, 2016). Se establecen prioridades para jerarquizar por medio de un sistema de análisis de todas las combinaciones posibles.

Secuencias. Se organizan y enfocan opciones al considerar acciones de corto, mediano y largo plazo. Los proyectos se ven de forma secuencial en términos de tiempo.

Matriz de evaluación. Se utilizan criterios específicos y sistemáticos para evaluar las posibilidades para juzgar y seleccionar opciones.

Abogado del diablo. Un equipo presenta sus ideas a otro cuya función es ser crítico y poner en duda la idea. Lo importante es anticipar puntos de vista críticos, posibles obstáculos o limitaciones. A partir de lo anterior, se mejora la idea. Es útil para que las ideas sean menos vulnerables.

Lluvia de roles *role storming.* (VanGudy, 2008) Es un tipo de juego de roles para que los participantes pierdan sus inhibiciones al asumir otro papel. También ayuda a explorar perspectivas y opiniones, que se abran a otros puntos de vista y entren nuevas ideas en el proceso, siempre y cuando se utilicen modelos con los que la gente está familiarizada.

Se les pide a los participantes que se enfoquen en determinado problema desde la perspectiva de un líder de opinión, una celebridad, un héroe, otro miembro de la compañía o equipo, o un miembro de una familia. Podría ser un segmento de consumidores que se estudió en el proceso y que una investigación de mercados atrajo al *workshop*. No es inusual que adopten un rol distinto del que normalmente tienen, por lo que no es indispensable que sean figuras del mundo de los negocios: pueden ser personajes como Barack Obama, sir Richard Branson, Superman,

Steve Jobs, Mahatma Ghandi, Chicharito o el chef Enrique Olvera.

Existe una infinidad de herramientas, técnicas y versiones de ejercicios que han desarrollado diversos profesionales, sin embargo, sólo quería presentar algunos para ejemplificar el tipo de herramientas que se utilizan en los *workshops* estratégicos. Tú mismo con las bases que hemos mencionado y revisando bibliografía publicada sobre la creatividad y la resolución creativa de problemas, podrás desarrollar tus propios ejercicios. Se trata de que comprendas lo medular, cómo funcionan los *workshops*, de las características del grupo y sus tiempos, siempre teniendo en mente en todo momento el objetivo. Revisando los principios que hemos ido comentando a través del libro.

Una vez que hemos revisado los puntos centrales del *Brand Sketching*, no podemos dejar fuera los tiempos que corren y el impacto de la era digital y las redes sociales en la disciplina del *marketing* y el *workshopping*, tema que veremos a continuación.

15. BRAND SKETCHING EN TIEMPOS DIGITALES

Dado que corren tiempos en los que las marcas deben tomar en cuenta las plataformas digitales como parte de sus estrategias y tácticas, es fundamental revisar el proceso explicado en este nuevo entorno.

No puede decirse que exista un impacto directo de la era digital en el uso del *brand sketching*, pues las marcas aún deben desarrollar conceptos antes que productos, posicionamientos antes que campañas y prototipos antes de invertir en nuevos productos.

Por ello no considero que estos tiempos o los

futuros tengan un efecto importante en la forma de trabajar en nuevas estrategias o ideas como las que se plantean en el libro, pues un grupo siempre tendrá más potencial para desarrollarlas que una persona sola o un equipo especializado.

Si bien existen hoy en día invaluables herramientas para hacer *marketing* en tiempo real, desarrollar productos casi al instante e irlos mejorando sobre la marcha y hacer uso de algoritmos sofisticados y utilizando el tan nombrado *marketing* programático; el pensamiento estratégico es un paso inicial que no se puede obviar. Siempre se tendrá que estudiar un mercado, segmentos, competencia, tendencias y articular estrategias de mercadotecnia antes de pasar a la acción, si no caeremos en la improvisación. Y las ocurrencias en ocasiones dan resultado pero no de forma sostenida y duradera.

Al final claro está, dichas estrategias caen en cascada a planes de acción e implementación. La revolución de conceptos como Uber, Netflix, AirBnB no han tenido éxito por seguir haciendo lo mismo, o por lanzar innovaciones que mejoren poco a poco algo que ya existe.

Lo revolucionario muchas veces hoy en día no viene de una *app* o una tecnología sino de una idea novedosa, un concepto, una nueva forma de ver o solucionar las cosas. Y esto proviene cada vez más de una nueva forma de trabajar, menos vertical, más en grupos y con estructuras menos rígidas.

Seguiremos viendo cada vez más *workshops*, *home office*, equipos poderosos y pequeños enfocados a una tarea específica, gente creativa, talento *on demand*, un entorno flexible que empodera a los equipos. Aquí es donde entran los *workshops* como una vía excelente para desarrollar *branding*, marcas, conceptos e ideas que sirven de plataformas para lanzamientos exitosos.

En tiempos recientes, el *workshopping* como proceso de trabajo se aplica cada vez más a disciplinas como el diseño, la creatividad, la salud o la educación. Las nuevas plataformas y recursos digitales involucran estrategias e ideas, así como implementaciones y desarrollos vanguardistas de lo que se está haciendo. Para que una marca aparezca en Facebook, desarrolle una página web o se introduzca en una red social es necesario comenzar desde una base de marca y un posicionamiento; la administración del contenido de una marca significa crear una voz o una narrativa, y para ello se pueden utilizar las bases expuestas como *brand sketching*.

Brand Sketching es una alternativa que no tiene límites y funciona independientemente que tan grande o pequeña sea tu marca, tu presupuesto o tu equipo. En la carrera por desarrollar marcas poderosas y clientes en verdad contentos el mayor potencial parte de personas, procesos de trabajo, oportunidades encontradas, constancia, consistencia y creatividad.

GLOSARIO

Boceto de marca Es un documento escrito sobre algún o algunos componentes estratégicos de la marca que tienen el potencial de ser convertidos en acciones concretas y tangibles de *marketing*. Nos referimos por ejemplo a un posicionamiento, adn, mantra o esencia de marca, manifiesto de marca, personalidad, territorio intangible de marca, o *insight* de dónde será fundada una marca etc. Las acciones tangibles podrían ser que basadándose en un boceto de marca se elabore un logotipo, una web de marca, una promoción, un patrocinio, una campaña publicitaria, etc.

Brainstorm Es una lluvia de ideas que consiste en que un moderador o facilitador dirija a un grupo de personas determinado con el fin de generar ideas, resolver un problema o cumplir un objetivo en particular. Un *brainstorm* no implica el uso de técnicas especiales o de utilización del pensamiento lateral que en otro tipo de *workshops* o talleres si.

Brand Sketching Es la disciplina estratégica que consiste en el desarrollo de borradores, esbozos o bocetos de marca que tengan el potencial de ser implementados en el futuro próximo. Puede servir como base para desarrollar un nuevo logotipo, nombre de marca, *«brand book»*, promoción, empaque, campaña publicitaria, nuevo canal de distribución o contenido de marca en cualquier medio.

Cliente La organización, institución, entidad, o grupo de individuos que contrata un *workshop* y cuyo interés principal por el facilitador o consultor es que lleve a cabo el workshop y cumpla con objetivos dictados por él o ella.

Concepto Un concepto es una idea plasmada en palabras o una expresión que representa la descripción de algo. Tal como Kotler, Burton, Deans, Brown y Armstrong mencionan en su libro *Marketing*, una idea de producto se refiere a un producto posible que una compañía podría ofrecer a determinado mercado.

Equipo Grupo pequeño de 4-8 personas —comunmente— que tienen una encomienda o una meta para trabajar en un *workshop*.

Facilitador La persona que contribuye a la

estructura y el proceso de interacciones para que los grupos sean capaces de funcionar efectivamente y de tomar decisiones de alta calidad. El facilitador hace que el flujo de actividades en un grupo fluya mejor y más fácil.

Iniciador Persona por parte del Cliente que es quien solicita la realización del *workshop* y que en base a este tomará una decisión de *marketing*.

Intervención Cualquier acción o serie de acciones que toma un facilitador o *workshopper* para mejorar una situación. Puede referirse a una acción tomada en el momento o para redirigir conducta disfuncional o una secuencia planeada de actividades tomadas en vistas a iniciar o introducir un cambio.

Marco de referencia Es el entorno competitivo en que se encuadra o se pretende situar la marca, y puede definirse dentro de una categoría de producto (pañales, jabón de tocador, automóviles subcompactos, fragancias femeninas), servicio (ej. Bancos, aseguradoras, etc), industria o territorio basado en necesidades del consumidor (ej. Indulgencia saludable).

Plan Estratégico Documento escrito que partiendo de un análisis y un diagnóstico del mercado, de la competencia, del consumidor, la industria y del propio negocio determina una serie de estrategias y planes de acción que cumplan objetivos determinados. Lo más importante es que este plan marque un rumbo y una posición de hasta dónde llevar a una marca o corporación y cómo hacerlo.

Plenaria Cuando se junta al grupo completo de personas que asistió a un *workshop* con el fin de darle instrucciones, participar en un ejercicio o para revisar tiempos y objetivos del *workshop* con ellos.

Posicionamiento Se entiende de dos maneras : 1) la

posición que tiene una marca dentro de la mente del consumidor, así como de, 2) las estrategias de marketing para resumir —en una frase o declaración (*statement*)— la propuesta de valor o la promesa que la marca le hace al consumidor. Hablamos del posicionamiento deseado o la posición que se pretende que el consumidor tenga en la mente. Para nuestro caso nos referiremos al posicionamiento que desarrollamos para que encuentre su posición en la mente del consumidor.

PVM (Posicionamiento Viable Mínimo) Los componentes mínimos que debe de tener un posicionamiento para que sea probado o implementado. Suele estar incluido en un brief para una agencia de publicidad, relaciones públicas, digital o de promociones, incluido en un plan de *marketing* o negocios, o cualquier documento estratégico que implique una acción para la marca.

Reglas del juego Una serie de reglas base creadas por el facilitador para que se establezcan límites, libertades, roles de participantes y facilitador con el fin de que funcione mejor el grupo y se cumplan los objetivos planteados.

Workshop Una experiencia en forma de taller que involucra a varias personas con el fin de encontrar soluciones a problemas, superar desafíos diversos o cumplir objetivos de una organización o marca con un tiempo limitado. Para que se pueda hacer un *workshop* es indispensable que haya: un reto, un grupo, un facilitador, unas técnicas, un lugar, un kit de materiales y un entregable.

Workshopping Es la disciplina, acto o práctica de llevar a cabo *workshops*.

Workshop **estratégico** Workshop cuyo objetivo está relacionado con la implementación de un Plan Estratégico. Su foco es abstraer, trabajar con conceptos más que con partes, tener una vista panorámica, usar metáforas, u ordenar el pensamiento del grupo. Muchas veces se utilizan técnicas menos 'sexy' que en su contraparte creativa porque los resultados deben ser más aterrizados, por ejemplo un concepto de producto.

Workshop guardian Es el facilitador de *workshops* que tiene como misión cumplir el objetivo marcado por el Iniciador y ser un guardián o cuidar lo que el grupo del *workshop* produce.

5 P de Workshops Participantes, Proceso, Productos, Propósito, Planeación. Herramientas para generar.

REFERENCIAS

Donald Treffinger, Scott Isakse y Brian Stead Doval. *Creative Problem Solving, 4E: An Introduction.* 4th edition. United Kingdom, Prufrock Press; 2005.

Jean-Marie Dru. *Disruption: Overturning Conventions and Shaking Up the Marketplace.* EUA, John Wiley & Sons; 1996.

UK Essays. *The chivas regal marketing.* 23 de Marzo de 2015 en https://www.ukessays.com/essays/business/the-chivas-regal-marketing.php

Robert Chamber. *Participatory ParticipatoryWorkshops: A Sourcebook of 21 Sets of Ideas and Activities.* England, Routledge; 2002.

Graham Robertson *How to write a winning Brand Concept statement.* 12 de Octubre de 2013 en Beloved Brands: www.http://beloved-brands.com/2013/10/12/winning-concept/

Philip Kotler Suzan Burton, Kenneth Deans, Linen Brown, Gary Armstrong. *Marketing.* Australia, Pearson Higher Education AU; 2015.

Brad VanAuke *Brand Aid: A Quick Reference Guide*

to Solving Your Branding Problems and Strengthening Your Market Position. USA, AMACOM; 2nd edition; 2014.

Brad VanAuken. *Developing A Brand Positioning Statement.* 5 de noviembre de 2013 en Branding Strategy Insider: http://www.bran dingstrategyinsider.com/2013/11/developing-a-brand-positioning-statement.html#.V35521fqrIc

Hampden – Turner, Charles. *MAPS OF THE MIND. Charts and concepts of the mind and its labyrinths.* Macmillan Publishing Company. First Collier Books; 1982.

Eric Ries *El método Lean Startup.* DEUSTO S.A. EDICIONES; 2012. **Douglas McGregor.** *The Human Side of Enterprise, Annotated Edition".*

McGraw-Hill Education; 2006.
Mind Tools. "Brainstorming Toolkit". McGraw-Hill Education; 2006.

Michael Michalko. Thinkertoys: A Handbook of Creative-Thinking Techniques. Ten Speed Press; 2 edition; 2006.

Mark A. Runco (Editor), Steven R. Pritzker (Editor). *Encyclopedia of Creativity.* Academic Press; 2nd edition; 2011.

Arthur B. VanGundy 101 *Activities for Teaching Creativity and Problem Solving.* Publisher: Pfeiffer; 2008.